ESQUISSE
D'ÉVOLUTION
SOLIDARISTE

PAR

GEORGES KURNATOWSKI

PARIS
LIBRAIRIE DES SCIENCES POLITIQUES ET SOCIALES
MARCEL RIVIÈRE
30, RUE JACOB (VIe)

1907

Prix : 2 fr. 50

ESQUISSE

D'ÉVOLUTION SOLIDARISTE

ESQUISSE
D'ÉVOLUTION
SOLIDARISTE

PAR

GEORGES KURNATOWSKI

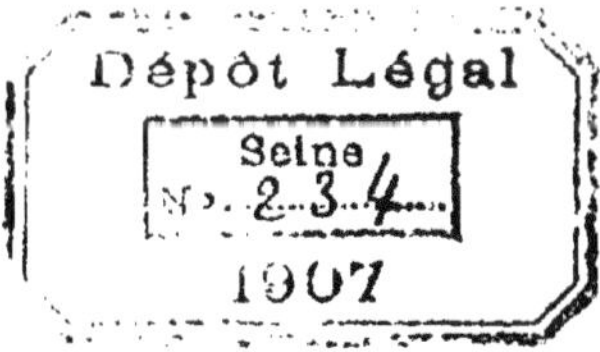

PARIS
LIBRAIRIE DES SCIENCES POLITIQUES ET SOCIALES
MARCEL RIVIÈRE
30, RUE JACOB (VIe)

1907

PRÉFACE

> L'intelligence c'est le don de distinguer l'essentiel du secondaire.
>
> IZOULET.

Jusqu'à ces dernières années, presque tout le grand mouvement social de l'Europe occidentale se divisait entre le libéralisme et le socialisme. Il n'y a environ que vingt ans que naquit un nouveau mouvement, non pas intermédiaire mais supérieur à ceux-là ; c'est le solidarisme. Mais la théorie de la solidarité, telle qu'elle est aujourd'hui, laisse de côté des problèmes et des facteurs d'une portée primordiale. A quelles couches sociales la doctrine de la solidarité peut-elle convenir? On n'a pas résolu cette question, de même qu'on n'a pas songé à chercher quels facteurs moraux et quelles réformes techniques pouvaient accélérer la réalisation de cette doctrine. On ne s'est pas non plus préoccupé de savoir si l'évolution sociale et politique des autres peuples pouvait avoir, et dans quelle mesure alors, de l'influence sur l'évolution solidariste intérieure de chaque nation. — Voilà donc un grave problème qui n'a pas encore été suffisamment éclairci. Enfin, nous tâcherons de prouver que la solidarité n'est pas l'extrême limite du développement de la société humaine, ce serait tout à fait contraire aux lois de l'évolution. Donc si la solidarité n'est qu'une étape quel est l'état social prochain qui lui succédera?

Dans mon ouvrage, je me suis imposé la tâche de démontrer comment la théorie de la solidarité s'est dégagée des autres théories et j'ai essayé de la présenter telle qu'elle est aujourd'hui. Ensuite, je me suis proposé de combler les lacunes que j'entrevois dans cette théorie par rapport au présent. Enfin j'ai esquissé l'état futur de la société qui sortira de la société solidariste. Les deux premières parties de mon ouvrage : Critique du libéralisme et Critique du socialisme, démontrent par quel procédé critique la théorie de la solidarité s'est dégagée de la théorie libérale et socialiste. Les deux suivantes : Quasi-socialisme et solidarisme, ont pour but de décrire la théorie solidariste proprement dite, telle qu'elle existe aujourd'hui, de combler ses lacunes par rapport au présent et de chercher à quelles couches sociales la solidarité convient. Dans la cinquième partie, intitulée : Solidarisme international, je me demande quelle influence exerce l'évolution intérieure d'un peuple sur la politique étrangère et par là sur les autres peuples ? Quel est le rapport de la vie propre de la nation avec les influences étrangères qu'elle doit subir. Enfin dans la dernière partie : l'Individualité absolue, je tâche d'entrevoir l'avenir préparé par la solidarité.

ESQUISSE
D'ÉVOLUTION SOLIDARISTE

I

Critique de la doctrine libérale.

Chaque phénomène de la vie humaine peut être envisagé au point de vue social, moral ou politique.

Au point de vue social, le libéralisme répond à l'idéal bourgeois. Il étend à toute la société les conditions vitales qui ne sont absolument nécessaires que pour le développement de la bourgeoisie. Puisqu'une partie de ces conditions convient aux besoins de toute la société, la doctrine libérale peut donc prétendre, jusqu'à un certain point, à être une doctrine générale. Il s'agit de démontrer jusqu'à quel point elle peut l'être.

M. Gide résume ainsi la doctrine libérale : 1° Les sociétés humaines sont gouvernées par des lois naturelles que nous ne pourrions point changer quand même nous le voudrions, parce que ce n'est pas nous qui les avons faites, et que, d'ailleurs, nous n'avons point intérêt à les modifier quand même nous le pourrions, parce qu'elles sont bonnes ou du moins les meilleures possibles. Leroy-Beaulieu affirme que les lois qui président au capital, au salaire, à la répartition des richesses, sont aussi bonnes qu'inéluctables. Elles amènent l'élévation graduelle du niveau humain. La tâche de l'économiste se borne à découvrir le jeu de ces lois naturelles, et le devoir des individus et des gouvernements est de s'appliquer à régler leur conduite d'après elles. 2° Ces lois ne sont point contraires à la liberté humaine, elles sont au contraire l'expression des rapports qui s'établissent spontanément entre les hommes vivant en société, partout où ces hommes sont laissés à eux-mêmes et libres d'agir suivant leurs intérêts. En ce cas il s'établit entre ces intérêts individuels, antagonistes en apparence, une harmonie qui constitue précisément l'ordre naturel et qui est de beaucoup supérieure à toute combinaison artificielle que l'on pourrait imaginer. 3° Le rôle du législateur, s'il veut assurer l'ordre social et le progrès, se borne donc à développer autant que possible ces initiatives individuelles, à écarter tout ce qui pourrait les gêner, à empêcher seulement qu'elles se portent préjudice les unes aux autres et par conséquent l'intervention de l'autorité doit se réduire à un minimum indispensable à la sécurité de chacun et à la sécurité de tous, en un mot à « laisser faire ».

Cet excellent résumé de la doctrine libérale nous fournit une preuve curieuse de la nécessité de transformer en Vérité objective (en vérité par un V majuscule), les idées subjectives d'une classe. Les intérêts de la bourgeoisie se cachent derrière l'écran des lois inéluctables qui président au développement de la société, des lois qu'on ne peut pas et qu'on ne doit pas changer. Il n'y a pas de doute que la société humaine est régie par des lois, de même que des lois régissent les phénomènes physiques, chimiques et biologiques. Mais de même qu'il n'y a pas de doute que nous pouvons faire réagir les lois physiques, chimiques ou biologiques les unes sur les autres, de même aussi nous pouvons faire réagir les lois sociales selon nos buts. M. Espinas fait une remarque très spirituelle que « si l'activité humaine était incompatible avec l'ordre des phénomènes, il faudrait considérer comme un miracle le fait de faire cuire un œuf ». Les lois qui président au développement des sociétés ne sont pas en dehors de nous, mais en nous. Elles changent de cours dans chaque nouvel individu. La volonté de ce nouvel individu ne peut pas faire tout ce qu'elle veut, mais il suffit qu'elle fasse tout ce qu'elle peut c'est-à-dire qu'elle transforme la plus grande somme d'activité extraite de ces lois sociales, en un maximum de vie civilisée. Par exemple si je veux construire un moulin ou bâtir un pont, je ne méconnais pas les lois physiques, au contraire je me base sur elles et je les applique en les contrebalançant, afin d'arriver à mon but. Si je veux réformer la société, je ne peux pas dire qu'il n'y a pas de lois sociales, au contraire, je dois les connaître, je dois baser sur elles mon activité; et je dois les contrebalancer pour atteindre cette réforme. Les libéraux ont donc raison quand ils disent que la société humaine est réglée par des lois, mais ils ont tort lorsqu'ils disent que ces lois sont inéluctables, parce que justement les lois, une fois connues, deviennent des outils maniables dans la main de l'homme. *Natura imperatur, nisi parendo,* a dit Bacon. On ne peut donner des ordres à la nature que si l'on sait lui obéir. Cette assertion, qui paraît contradictoire et qui pourtant est vraie, s'applique aussi aux lois sociales. Nous ne sommes pas seulement spectateurs, mais acteurs, pas seulement des pions poussés par une main inconnue sur un échiquier, mais des créateurs de l'évolution sociale.

Le principe moral du libéralisme, c'est la liberté. L'homme ne dépend pas d'un autre homme, mais il dépend des lois sociales qui sont aussi inéluctables que les lois physiques. Si nous réservons le mot esclavage à la seule dépendance d'un homme par rapport à un autre, alors l'homme délivré de cette dépendance sera libre. Nous avons vu que les hommes sont, dans une certaine mesure, créateurs des lois sociales, donc être sous la dépendance de ces lois, c'est être simplement sous la dépendance des hommes. La liberté basée sur des lois sociales, soi-disant inéluctables, n'est plus la liberté. Les libéraux font valoir surtout deux lois qui président à l'évolution sociale : la liberté du contrat et la liberté de la concurrence. La société n'a pas le droit d'intervenir dans un contrat conclu entre deux personnes, à moins qu'il ne fasse préjudice à un tiers. Les gens qui font le contrat sont égaux devant la loi ; de là on suppose qu'ils sont égaux ou presque égaux en fait. En réalité les choses sont bien différentes : l'un des contractants est riche, l'autre est pauvre, l'un est malin, l'autre est borné. Le riche et le malin tireront seuls profit de la liberté, même il y a des cas dans lesquels ceux-ci profitent tant que les autres sont forcés de vendre l'essentiel, ce qu'on n'a pas le droit de vendre, je veux dire qu'ils vendent leurs vies. En effet, qui consent à travailler pendant 14 heures journellement, vend sa vie, car l'organisme de l'homme, tant au physique qu'au moral, ne peut supporter un pareil travail et se condamne à une mort prématurée. De bonne volonté dans le sens ordinaire de ces mots, personne ne concluerait un pareil contrat. C'est le misérable pour ne pas mourir de faim qui le conclut. Il parait qu'il n'y a rien de plus juste que de fixer par voie législative le nombre des heures de travail de façon à ce que celui-ci n'aille pas contre les besoins de l'organisme humain. Pourtant cette solution n'est pas approuvée par les libéraux ; ils l'envisagent comme un empiètement de la volonté humaine sur le domaine d'une loi sociale inéluctable, à savoir sur le domaine de la loi de l'offre et de la demande. Ils sont d'avis que le travail de l'homme et par conséquent la vie de l'homme, ne sont que des marchandises comme les autres. Quand la marchandise est rare sur le marché son prix hausse ; quand elle abonde, le prix baisse. Personne ne pourra changer cet état de choses et si la volonté de l'homme voulait, d'une main sacrilège, toucher à ces choses invincibles, elle ne ferait que provoquer des troubles bien plus graves. Le patron lui-même est assujetti à la loi de la libre concurrence, que nous analyserons bientôt — il offre les meilleures conditions qu'il peut offrir : si le législateur le force à donner plus, son industrie subira des pertes et il sera forcé de l'abandonner. Le misérable sauvé de la famine par un travail journalier de 14 heures perdra même ce dernier refuge.

La vie réelle a démenti tout ce raisonnement. Dans certains États de l'Amérique du Nord et presque dans toute l'Australie, la journée de huit heures a été imposée par la loi et l'industrie de ces pays n'a pas subi de grosses pertes. L'ouvrier qui travaille moins longtemps, travaille mieux ; le patron gagne sur la qualité de la marchandise le peu qu'il perd sur la quantité. L'ouvrier mieux payé consomme plus, achète plus et, par cela même, il fait prospérer l'industrie et, puisqu'il est le client principal par le nombre, la prospérité de l'industrie s'élève en raison directe de la hauteur du salaire ouvrier. Enfin, même si les libéraux avaient raison, même si la hausse des salaires entraînait le congé de l'ouvrier, il serait encore préférable que l'homme devienne un misérable plutôt que de le voir travailler au-dessus de ses forces. L'assistance devra se préoccuper du misérable et, si elle ne le fait pas, le misérable deviendra un criminel, la société devra le nourrir comme prisonnier. Par conséquent pour ce misérable il sera préférable de devenir un prisonnier nourri par la société qu'un homme condamné à une mort hâtive par un travail au-dessus de ses forces, car le droit à la vie est la loi la plus inéluctable parmi toutes les lois sociales.

La liberté de la concurrence peut être envisagée comme la libre rivalité des nations entre elles ou bien comme la rivalité des entrepreneurs particuliers entre eux. La libre rivalité des nations dans le domaine de l'industrie et du commerce exige une abolition complète des douanes. Toute l'économie politique n'est, en effet, qu'une science basée sur l'hypothèse du libre-échange; elle répond à cette question: quelles seraient la répartition et la circulation des richesses, si les douanes n'existaient pas? L'abolition des douanes faisait partie de la tâche historique de la doctrine libérale, tâche qu'elle n'a pas accomplie tout à fait. Seule la bourgeoisie anglaise était acquise au libre-échange, dans les autres pays, le protectionisme a pris bientôt le dessus. Il n'y a pas de doute que les tarifs préventifs attardent et faussent le progrès. Dans le régime du libre-échange, chaque nation produit ce qu'elle est capable de produire grâce à son climat ou à ses capacités naturelles, elle s'assimile lentement, mais d'une façon durable, les produits des autres nations et elle ne s'assimile que ce qui lui convient. Elle achète chez les autres ces produits qu'elle ne veut pas ou qu'elle ne peut pas produire elle-même et dont elle a besoin. Le libre-échange n'est pas certes une loi inéluctable, puisque tous les législateurs du continent européen l'ont éludée, mais elle est une de ces lois qui sont conformes à l'intérêt de toute l'humanité. Les douanes font naitre une industrie artificielle, à laquelle la population n'est pas préparée et qui pendant de longues années ne peut pas exister sans l'aide de l'État. En outre les autres pays répondent naturellement par des représailles. La population perd donc triplement : premièrement parce qu'elle doit s'adonner à un travail qui ne lui convient pas, secondement parce qu'elle doit, à force d'aumône, secourir ce travail, troisièmement parce qu'elle doit vendre à bon marché les produits de ses industries naturelles et acheter cher ailleurs ce dont elle a besoin. Les relations russo-allemandes de l'année 1905 nous offrent un exemple très curieux des troubles provoqués par l'intervention de l'État dans le domaine de l'échange international. L'Allemagne est un pays surtout industriel, la Russie est un pays surtout agricole. Pourtant le gouvernement allemand, appuyé sur les féodaux fonciers, frappe de droits d'entrée le blé et la viande russes. Naturellement ces produits sont devenus plus chers. Le gouvernement allemand remplit artificiellement les poches des gros propriétaires fonciers et condamne à la famine les ouvriers et les habitants des villes, car l'agriculture allemande est insuffisante pour les besoins de la population. La Russie offre le spectacle d'un phénomène tout à fait inverse. Le gouvernement fonctionnariste russe a opposé toutes les difficultés possibles au développement de l'agriculture. L'agriculture est représentée en Russie par des millions de paysans. En leur donnant l'instruction agricole il aurait fallu leur donner aussi l'instruction générale. On ne peut pas donner l'une sans l'autre. Et si on donnait au paysan l'instruction générale, il ne supporterait bientôt plus le joug des fonctionnaires. Pour maintenir le pouvoir la « bureaucratie » russe ne pouvait pas encourager l'agriculture, qui est la source principale de la vie du pays. Mais, d'un autre côté, puisqu'un État, qui veut jouer un rôle mondial doit absolument avoir des revenus, ou au moins des apparences de revenus, il fallait encourager l'industrie. La Russie s'est entourée d'une muraille douanière, ne laissant pas venir en Russie les produits de l'industrie allemande; elle s'est créé artificiellement une industrie en même temps qu'elle a affamé et dépeuplé ses villages. La Russie, agricole, encourage son industrie; l'Allemagne, industrielle, encourage son agriculture. Cela mène à la misère et en Russie et en Allemagne. Cette misère n'existerait pas s'il y avait libre-échange entre les deux pays.

La libre concurrence, comme rivalité entre industriels séparés, devait provoquer, à en croire les économistes libéraux, des résultats favorables pour tous. Elle devait régler l'offre et la demande et ainsi maintenir l'équilibre économique, elle devait stimuler le progrès par la concurrence, elle devait abaisser le coût des produits et finalement amener peu à peu une égalité économique. Rien de tout cela n'est arrivé. La grande usine produit non pas sur commande, mais en avance, plus ou moins aveuglément, car son marché est énorme et les besoins de ce marché ne peuvent pas se calculer exactement. De là des crises périodiques à cause de la surproduction. Dans le système de la concurrence, ceux qui arrivent les premiers sont non pas les plus honnêtes, ceux qui produisent bien et à bon marché, mais les plus malins, qui produisent des choses mauvaises, bon marché, mais relativement chères, en comparaison des bons produits qu'elles imitent. Cet état de guerre perpétuelle entre entrepreneurs est devenu enfin insupportable. Dans les pays où l'industrie a trouvé un grand développement, les entrepreneurs s'unissent en trusts, comme aux États-Unis, en cartels comme en Allemagne. La loi « inéluctable » et bienfaisante de la libre concurrence fut bien vite éludée par ceux-là mêmes qui l'ont inventée, dès qu'elle devint incommode. On supposait que cette loi hausserait les salaires de l'ouvrier, les entrepreneurs ayant un besoin urgent de l'ouvrier, celui-ci pourrait vendre son travail à l'entrepreneur qui payerait mieux. Et cela se produirait réellement, si le nombre des mains nécessaires à l'industrie s'accroissait plus vite que la population. Mais comme chaque nouvelle invention consiste à supprimer un certain nombre de mains, ce qui était fait auparavant par quelques dizaines d'hommes, peut être fait maintenant par un seul. La population augmente toujours; s'il n'y avait que la libre concurrence, l'ouvrier devrait donc accepter toutes les conditions qu'il plairait au patron de lui offrir. Les unions des patrons ne changent pas cet état de chöses, au contraire, elles le rendent plus durable. Heureusement devant les organisations des patrons se dressent les organisations des ouvriers, qui entravent le jeu de la libre concurrence. Nous voyons donc que la loi de la libre concurrence s'est trouvée en conflit avec un droit bien supérieur à elle, à savoir avec le droit à la vie ; dans ce conflit elle est partiellement vaincue et elle le sera complètement, c'est-à-dire elle trouvera une limite au delà de laquelle son jeu sera arrêté. La libre concurrence de par elle-même se transforme en union des entrepreneurs. Le libre-échange n'est que très imparfaitement réalisé. Pourtant le libre-échange ne se trouve en conflit qu'avec des forces réactionnaires, comme l'égoïsme national qui ne voit pas loin et l'esprit de caste. Et c'est pour cela que justement cette loi libérale, que la bourgeoisie de tout l'univers, à l'exception de la bourgeoisie anglaise, a le plus vite délaissée, sera le plus vite réalisée, mais par d'autres forces déjà. Avant de s'étendre plus longuement sur le libre échange, il faut voir quelles forces du passé, forces réactionnaires par conséquent, ont été vaincues par la liberté du contrat et la libre concurrence. Dans le langage libéral, les deux libertés sont désignées sous le nom commun de liberté du travail. L'idée de la liberté du travail a été conçue quand les idées libertaires des encyclopédistes français se sont rencontrées avec l'invention de la machine à vapeur. La structure sociale de ces temps ne convenait ni à la propagation des idées, ni à l'utilisation de la machine. Les corporations enfermaient les bourgeois dans les bornes limitées d'un métier, dont l'accès était difficile et les moyens d'en sortir presque nuls. Les villageois se trouvaient en pleine dépendance des seigneurs; ils se trouvaient envers eux en relation de servage. L'apprenti dépendait de son maître, le paysan du noble, le maître et le paysan des fonctionnaires et ceux-ci du roi. Chaque genre de travail, chaque situation sociale étaient strictement réglés par l'État. Mais les besoins de l'État moderne centralisé, son armée, sa marine, ses fortifications ont fait naître et s'organiser une bourgeoisie qu'on ne pouvait pas enfermer en corporations. Elle devait répondre aux besoins toujours nouveaux et toujours croissants. Le noyau de cette nouvelle bourgeoisie se forma auprès des marchands et des banquiers. Cette classe s'accrut bientôt aux dépens de la monarchie, qui l'avait engendrée; pour que son rôle devînt prépondérant il fallait de nouvelles machines et surtout une main-d'œuvre libre. La machine à vapeur opéra une révolution technique, elle tua les artisans, unis en corporations. La loi de la liberté du travail délivra le paysan de la dépendance envers le noble, l'apprenti de la dépendance de son maître et jeta l'individu sur le marché du travail. Les besoins de la machine à vapeur enlevaient du marché l'individu « *de bon gré* », si nous croyons à la fiction judiciaire adaptée aux circonstances, forcément, si nous envisageons la réalité. La liberté du travail a détruit les corps de métiers et le servage. Voilà le mérite historique de la bourgeoisie, si vous voulez, des idées libérales. Mais la bourgeoisie a voulu régner sans partage, l'expression de cette volonté est la soi-disant inéluctabilité des lois, qui régissent le coût du salaire et le soi-disant devoir de l'État qui consiste dans la non-intervention. L'État féodal et l'État absolu étant anéantis ou affaiblis, très sensiblement, il ne convient pas à l'État bourgeois, à l'État fondé sur le suffrage universel d'intervenir dans les relations du travail et du capital. Pourtant la main-d'œuvre, privée d'organisation, concentrée près de la machine à vapeur, peu à peu s'organisa ; l'ouvrier finit par comprendre qu'il était l'élément indispensable de la puissance bourgeoise, de même que la bourgeoisie était l'élément indispensable de la puissance absolue. La masse des travailleurs resta faible tant que chaque misérable fit séparément « un libre » contrat avec l'entrepreneur. Mais elle devint une force quand les travailleurs s'organisèrent. A l'union des travailleurs l'entrepreneur ne peut plus offrir un prix aussi bas qu'il offrirait à un travailleur isolé ; il ne peut plus tirer des profits si hauts ; il doit donner aux travailleurs plus qu'il leur faut pour ne pas mourir de faim. L'union de tous les travailleurs, agissant solidairement, peut ne pas vouloir travailler et provoquer des pertes bien plus considérables à l'entrepreneur. La bourgeoisie se heurta à une nouvelle puissance, qu'elle a engendrée elle-même, et cette nouvelle puissance met une limite à la liberté du contrat. Cette nouvelle puissance, l'ouvrier syndiqué des grandes usines, d'une voix impérative défend de conclure des contrats dérisoires, c'est-à-dire d'offrir un salaire tel qu'il ne peut suffire à assurer les frais de la vie d'un homme civilisé. L'union des ouvriers et l'union des entrepreneurs abattent les dogmes, dénommés lois, de libre contrat et de libre concurrence. La liberté du travail, et comme loi, et comme droit, en fait n'existe pas de par l'évolution de la bourgeoisie elle-même. La liberté du travail a détruit les forces réactionnaires des corps de métiers et du servage, mais elle s'est trouvée en conflit avec une nouvelle force, progressiste celle-là, engendrée par elle-même, à savoir avec la force de l'union qui a entraîné aussi bien la bourgeoisie que le prolétariat ouvrier.

Comme nous l'avons dit, la revendication libérale du libre-échange ne se trouve pas en conflit avec une force progressiste quelconque, elle n'a qu'à vaincre des forces purement réactionnaires. C'est pour cela que cette revendication doit être pleinement réalisée, car avant cette réalisation, le progrès des relations internationales aussi bien que le progrès intérieur des nations ne peut prendre un essor puissant. Cette assertion est à prouver.

Les libéraux sont partisans du libre-échange ; l'ennemi de ce système se nomme protectionnisme, sous ce nom on reconnaîtra facilement les vieux privilèges de caste et le vieil égoïsme national déguisés, d'une façon assez maladroite. Les ouvriers ne prêtent aucun intérêt à la question du libre-échange. C'est une grande faute de leur part : cette question doit être résolue et même résolue avant beaucoup d'autres questions sociales. La classe ouvrière qui tend de plus en plus à jouer un rôle prépondérant dans l'évolution sociale, devrait bien contribuer à résoudre un problème social d'une gravité primordiale. La hausse des prix du pain et de la viande se ressent surtout dans les pays industriels, dans les pays où il y a le plus d'ouvriers (comme l'Angleterre avant Cobden, l'Allemagne d'aujourd'hui); en laissant aux autres le soin de résoudre le problème, les ouvriers grèvent considérablement leurs budgets.

Les protectionnistes affirment que chaque peuple doit se suffire à lui-même. Ne produisons que ce que nous pouvons consommer. N'achetons chez les étrangers que les choses indispensables et réduisons le nombre de ces choses de plus en plus. Si la nation ou un État dominé par une nation néglige cette « loi », ils seront vaincus par d'autres nations plus fortes. Les protectionnistes allemands disent que la Russie a un terrain plus fertile et une main-d'œuvre moins chère que l'Allemagne, et ils frappent de droits de douane le blé russe qui entre en Allemagne, pour que l'agriculture allemande ne succombe pas. Les protectionnistes français diront que les vignes espagnoles et italiennes sont situées sous un meilleur climat que les vignes françaises, elles donnent une récolte plus abondante; donc ils frappent de droits de douane le vin espagnol, pour que la viticulture française ne périsse pas. Grâce aux douanes, l'agriculture allemande et la vigne française ont un débouché sur le marché national, où l'étranger ne leur fait pas de concurrence, leur existence est donc bien assurée. Ensuite, disent-ils, aucun peuple ne saurait sans la protection des douanes développer une industrie nouvelle qui est déjà prospère dans un autre pays, il serait donc réduit à des industries très limitées. Cela serait fâcheux, car le peuple, comme l'individu, doit développer toutes ses facultés. Les douanes empêchent les nations plus fortes d'anéantir les nations faibles, elles développent partout une variété de branches du travail humain, elles sont encore un impôt très commode, car c'est l'étranger qui le paye. Enfin, une nation bien développée sous tous les rapports est la mieux favorisée en cas de guerre. Elle possède tout, elle n'a donc besoin de rien en cas de péril, et on sait bien que les voisins vous demandent des prix exorbitants quand vous avez des besoins urgents. Telle est la thèse protectionniste : au premier abord elle paraît logique et patriotique, elle semble imprégnée du souci du bien général ; enfin, elle est séduisante. Mais regardons-la de plus près. Si les nations se suffisaient toujours à elles-mêmes, il n'y aurait jamais de progrès. Depuis des temps immémoriaux le moins capable et le moins intelligent apprend du plus capable et du plus intelligent. Si chaque nation restait chez elle, aucune n'apprendrait rien chez les autres. Si les autres produisent bien et à bon marché le même objet que nous produisons mal et à grands frais, nous n'avons qu'à l'acheter chez ceux-là. De cette façon, nous ne donnerons pas de prime à nos compatriotes incapables et nous ne forcerons pas la masse de notre peuple à soulager l'existence de ces incapables ; l'argent dépensé d'une manière si improductive trouvera un bien meilleur emploi, par exemple dans l'assistance non déguisée, sincère, des incapables du pays. Les peuples plus forts, justement parce qu'ils sont plus forts sous le rapport économique, ne peuvent pas écraser les peuples plus faibles, mais ils doivent les développer. La célèbre lutte pour la vie est insuffisante pour comprendre les relations aussi bien entre les individus qu'entre les peuples, et à part des intérêts contradictoires, il y a toujours des intérêts communs : le nombre de ces derniers s'accroît avec le développement de la civilisation, ce qui fait que toutes les formes et tous les buts de la lutte pour ces intérêts deviennent inutiles. Reprenons l'exemple russo-allemand. L'Allemagne voulant développer son agriculture par les douanes fait augmenter le coût des produits agricoles d'une somme égale aux droits d'entrée. Le droit de douane est payé non pas par l'étranger, mais par le consommateur national, ouvrier ou bourgeois, qui forme l'immense majorité de la population allemande. Mais quels sont les bienfaits des tarifs préventifs pour l'agriculture elle-même? La petite propriété foncière en profite peu ; cette propriété produit surtout pour les besoins du propriétaire. L'ouvrier qui doit payer cher le pain et la viande, aliments indispensables, n'a plus de ressources pour acheter des fleurs et des légumes, et si alors la petite propriété veut produire pour le marché national, elle est forcée de produire du blé et de la viande, c'est-à-dire des produits d'une culture moins développée et des produits moins lucratifs, et elle ne peut pas s'adonner à l'horticulture et à la culture des légumes, qui lui profiteraient beaucoup plus et où elle n'aurait pas à craindre la concurrence étrangère de par la nature même de ces productions, qui ne souffrent pas de transport lointain. La grande propriété foncière reçoit évidemment des prix énormes pour ses produits ; pourtant elle est, sans équivoque, en faillite. Les hobereaux allemands, accoutumés de compter sur le gouvernement, ont cessé de compter sur eux-mêmes : ils dépensent non en rapport de leurs revenus réels, mais en rapport des revenus futurs qu'ils auront, grâce à l'aide du gouvernement. La grande propriété allemande est endettée jusqu'au 95 % de sa valeur : elle a cessé depuis quelque temps d'introduire des améliorations techniques et administratives ; elle tombe en décadence, ne cessant pas de réclamer de plus en plus vigoureusement l'aide de l'État. L'industrie russe, et en général tout travail humain, protégé par les douanes, subit forcément le même sort que l'agriculture allemande. Cela dérive des raisons d'ordre économique et des raisons d'ordre psychique. On me permettra de citer encore un exemple très suggestif. L'État russe a encouragé l'industrie du fer d'une façon particulièrement énergique, en frappant de droits de douane très élevés le fer étranger, en accordant aux usines des concessions territoriales et enfin en faisant de grandes commandes à ces usines. Les usines rapportèrent des revenus fabuleux, mais une fois les commandes de l'État livrées ces usines ne purent trouver d'autres clients, et on a dû les fermer pour la plupart. On apprit seulement alors que celui qu'on supposait être principal consommateur du fer, c'est-à-dire le paysan russe, qui représente 90 % de la population, est si pauvre et si peu civilisé, qu'il n'a nullement besoin du fer, tous ses outils et toutes ses machines, ses cuillières et jusqu'aux gonds de ses portes n'étant pas en fer mais en bois. On pourrait ainsi multiplier les exemples. Je crois que les faits cités plus haut prouvent suffisamment que le libre-échange ne provoque pas l'écrasement des pays faibles par les pays plus forts économiquement, mais en apportant dans un pays un produit que ce pays ne peut produire ou ne produit qu'à grands frais, il apporte plus de bien-être et peut à l'aide de ce produit suggérer et faciliter de nouvelles industries; par exemple, la libre introduction du fer étranger en Russie aurait eu pour conséquence, le prix du fer étranger étant beaucoup plus bas que celui du fer russe, de permettre aux paysans la possession de meilleurs instruments aratoires et le développement agricole du pays en aurait profité. Si les États négligent cette règle et si ils se séparent artificiellement des autres États plus forts ou plus faibles, ils finissent par s'appauvrir eux-mêmes et par appauvrir les autres. La richesse crée la richesse, l'indigence crée l'indigence; cela est vrai, même dans le célèbre conflit du travail et du capital. Si le capital parvenait à vaincre définitivement le travail et à réduire le salaire ouvrier au niveau du coût d'une vie semi-animale, ce serait un mal pour le capital lui-même, car les ouvriers, qui forment partout une partie très considérable de la nation, cesseraient alors de consommer les produits de l'industrie; cela provoquerait la déchéance du capital lui-même. Il est donc heureux qu'il y ait un équilibre de forces, qui permette d'entrevoir les intérêts communs à tous, il est heureux que le jeu de chaque force sociale, entravé par d'autres forces ne puisse pas se donner libre carrière.

Nous allons étudier maintenant l'argument des protectionnistes qui disent que les douanes provoquent un développement harmonieux de toutes les industries dans chaque nation. Je suis d'accord que si les douanes n'existaient pas, chaque peuple donnerait les produits qui conviennent à son climat et à ses capacités: mais dans le domaine de ses travaux il saurait atteindre un très haut degré de développement, tout l'univers serait un marché pour lui. Il devrait faire grande attention au progrès pour que personne ne fasse mieux que lui. Je crois qu'une telle spécialisation du travail, conforme au climat et au caractère national, donnerait bien plus de bonheur et bien plus de profit que la spécialisation actuelle forcée, qui pousse les gens de toutes nations à s'adonner à des travaux qui leur répugnent.

La vie serait en général beaucoup moins coûteuse. En outre, la possibilité de produire d'autres objets ne serait point exclue: les objets fabriqués dans le pays et consommés dans le pays ont toujours l'avantage naturel d'avoir peu de frais de transport. Les nouvelles industries naîtraient du coup dans des conditions de concurrence internationale et devraient s'adapter à ces conditions; elles ne se développeraient pas comme aujourd'hui aux frais des nations; elles seraient un progrès durable et réel. Il n'est pas vrai non plus que l'étranger paye la douane. Les droits de douanes ne sont payés qu'au premier moment par l'étranger, mais le producteur national y voit un privilège pour lui et il hausse le prix de son produit en lui ajoutant le coût de la douane. La marchandise étrangère et nationale revient au même prix à l'acheteur; et puisque la marchandise étrangère ne peut pas donner des pertes — autrement on ne l'importerait pas — la marchandise du pays est vendue avec un énorme bénéfice. Ce bénéfice est payé finalement par le consommateur et grève le plus sensiblement le budget du consommateur indigent; pour stimuler l'industrie, l'agriculture, les vignes « nationales », c'est la partie la plus indigente et la plus laborieuse de la nation qui paye. On entrevoit la vérité. Le protectionnisme n'est qu'une aumône, ou un impôt si vous voulez, prélevé par les castes privilégiées sur toute la nation; ce n'est que la nouvelle forme d'un régime très vieux. Ces privilèges agissent comme tous les privilèges : au premier moment ils enrichissent les privilégiés aux dépens de la masse de la population, ensuite ils les démoralisent, enfin ils appauvrissent toute la nation, sans même avoir aidé ceux qu'ils voulaient aider. Pour prouver les bons résultats des douanes on cite souvent les États-Unis et l'Allemagne. Les États-Unis, dès leur formation, ont établi le système protectionniste; il n'y a donc pas moyen de savoir au juste comment ces États se seraient développés avec un système libre-échangiste. Pourtant on peut supposer que l'industrie américaine se serait développée mais plus lentement et dans un autre sens. Sans doute elle ne serait pas aussi puissante qu'elle l'est aujourd'hui mais : 1) elle n'aurait pas passé par des crises aussi terribles que celqu'elle a traversées; la centralisation des capitaux n'aurait pas atteint des proportions si monstrueuses, parce que l'union des capitalistes de toutes les nations opérant sur le même terrain est bien plus difficile que l'union des capitalistes, d'un seul État; la population ne serait pas tombée dans une dépendance un peu humiliante vis-à-vis des milliardaires; 2) le coût de la vie serait beaucoup moins cher qu'il est; 3) l'égoïsme national ne se serait pas développé; grâce à cet égoïsme, l'Amérique du Nord prohibe l'immigration des Européens et des Asiatiques, ce qui provoquera des représailles (la Chine les a déjà commencées) et d'ailleurs le courant de la population toujours croissante du vieux monde détruira violemment cette digue, la raison d'État devrait le prévoir et l'éviter, elle ne devrait pas poser des barrières qui seront tôt ou tard renversées. L'Allemagne jusqu'à 1879 a été libre-échangiste et son industrie se développait d'une façon prodigieuse. En 1879, Bismarck a inauguré le retour vers le protectionnisme, ce n'était qu'un protectionnisme partiel, avec des traités de commerce, qui établissaient le libre-échange pour beaucoup de relations commerciales. Il est vrai que depuis 1880 jusqu'à 1903 l'exportation de l'Allemagne a monté de 7 à 12 milliards, mais pour atteindre ce but : 1) l'Allemagne a utilisé toutes ses épargnes qu'elle a placées dans des usines qui ne donnent pas pour la plupart de revenus appréciables; 2) elle a créé par voie législative aux dépens des contribuables une immense marine de commerce et de guerre; 3) elle a restreint le marché national pour les produits de l'industrie en haussant les prix de la viande et du pain. La crise de 1900 et de 1901, les faillites de la banque de Leipzig, etc. ont démontré suffisamment le désordre intérieur de l'industrie allemande. Quant à l'Allemagne on peut affirmer sans hésiter que sans un système protectionniste son industrie aurait été beaucoup plus prospère. La France, de 1860 jusqu'à 1880, était libre-échangiste ; l'exportation de la France pendant ce temps augmenta de 4174 millions de francs à 8501, c'est-à-dire doubla. De 1880 jusqu'à 1903, la France devint strictement protectionniste ; son exportation augmenta de 8501 millions de francs à 8646 par an, c'est-à-dire resta stationnaire. Bien entendu si les Français avaient voulu construire des fabriques, malgré les effets du protectionnisme ils se seraient exposés à des pertes, comme les Allemands ; le chiffre de l'exportation aurait augmenté, mais cela n'aurait pas augmenté la richesse. Dans le même espace de temps (1880-1903), la France a engagé dans d'autres pays des sommes très considérables (60 milliards à peu près). Ne pouvant pas développer son industrie à la suite du protectionnisme et de ses effets, la France la développa ailleurs. L'Angleterre est libre-échangiste depuis les célèbres luttes de Cobden, terminées par la victoire décisive de ses idées en 1848. L'exportation anglaise augmente continuellement; de 1880 à 1903 elle augmenta de 15 à 21 milliards. La Hollande, la Belgique, le Danemark sont libre-échangistes. Je n'ai pas de chiffres pour ces pays, mais on connait le développement prodigieux de l'industrie belge et de l'agriculture danoise. Le coût de la vie y est beaucoup moins cher qu'ailleurs.

Reste à voir le dernier argument des protectionnistes, qu'une nation protégée par les douanes est la plus favorisée en cas de guerre. Cet argument est le comble de l'hypocrisie et il permet d'entrevoir le vrai but des protectionnistes. Les douanes provoquent toujours des représailles. Les relations économiques tendues froissent les relations politiques. La guerre douanière est un prélude de la guerre armée. Bismarck en même temps inaugura un recul vers le protectionnisme et un recul vers le militarisme; il a contraint les autres États à des représailles douanières et à des armements proportionnels aux armements de l'Allemagne. C'est de nouveau le peuple qui paye tout cela — il le paye en argent, en temps perdu et en sang. Les droits de douane préparent des guerres et les protectionnistes prétendent qu'ils protègent le pays contre la guerre. Et par contre-coup des relations commerciales très actives rendent la guerre impossible entre les États. La France vend à l'Angleterre pour 1 milliard 200 millions de francs par année (chiffre de l'an 1904). En cas de guerre tout ce commerce indispensable pour les deux pays serait entravé; ce qui rend la guerre impossible.

Montesquieu écrivait que l'effet naturel du commerce c'est la paix.

Montesquieu parlait naturellement du commerce libre du libre-échange.

Une nation qui tâcherait de se développer sous tous les rapports, se développerait si peu sous chaque rapport, qu'en cas de guerre elle manquerait de tout. Le libre-échange formerait des liens solides entre les nations civilisées et empêcherait les guerres. Il est vrai qu'avec le régime du libre-échange des guerres sont possibles avec des pays non civilisés, comme les peuples d'Afrique, ou avec des pays, qui s'enferment chez eux, comme la Chine. Mais ces pays une fois forcés de pratiquer le libre-échange avec les Européens, finiraient par s'adapter à la civilisation européenne. Nous reviendrons sur cette question prochainement. Pour le moment en nous bornant aux nations civilisées, nous affirmons que le libre-échange développe une industrie saine et vigoureuse, qu'il rend les crises commerciales moins graves, enfin qu'il abaisse le coût de la vie, en abaissant avant tout le coût des produits indispensables. Malgré les paroles d'Ibsen je dirai, plus la nation est forte économiquement, moins elle peut rester seule. D'une part, elle a besoin alors qu'on lui vende les matières premières et les produits indispensables, d'autre part, elle doit avoir un marché immense pour ses produits. C'est pour cela que le problème du libre-échange, partout très grave, acquiert une portée primordiale dans les pays où l'industrie est très développée. C'est là une question où les intérêts des ouvriers et des patrons sont parfaitement solidaires. C'est pour cela que le mouvement pour l'abolition des droits de douane a commencé en Angleterre, les noms de Cobden et de Robert Peel y sont rattachés, ce mouvement a abouti par une victoire définitive en 1848.

Le mouvement « abolitionniste » unifia pour un certain temps les patrons et les ouvriers. Le but de la lutte était commun. Les droits de douane existaient en faveur des Landloreds ; c'était encore un moyen d'enrichir les plus riches, ces droits étaient comme toujours un féodalisme masqué et une aumône déguisée, une aumône payée par les pauvres à la caste privilégiée. Les pays dont la structure sociale est analogue à celle de l'Angleterre doivent passer un moment historique analogue. On ne peut pas s'imaginer comment ils pourraient évoluer autrement. Dans ce moment, l'Allemagne offre un spectacle d'un pays analogue à l'Angleterre avant Cobden. Il y a en Allemagne tout ce qui existait en Angleterre : un développement industriel immense qui tient en Europe la seconde place après l'Angleterre, la plus grande population ouvrière d'Europe, des droits de douane pour la viande et le blé qui déguisent les droits féodaux, une cherté des produits de la première nécessité, ensuite le besoin de trouver un marché pour vendre ses produits en même temps qu'une nécessité d'acheter des quantités d'autres produits ; en somme l'Allemagne, est un organisme économique « fort » et, comme tel, absolument incapable de se suffire à lui-même et ne pouvant se développer que par le libre-échange. L'Allemagne de par sa structure sociale, devrait réclamer le libre-échange. Pourtant, les économistes allemands et l'opinion publique de ce pays n'ont aucune conscience de ce devoir. Inconsciemment la famine et la cherté provoquent du mécontentement ; la logique des événements conduit vers le libre-échange, mais personne ne met en lumière cette logique ; pour cela, il est probable que le même mouvement qui était, en Angleterre, conscient et s'exprima dans une lutte parlementaire, le même mouvement en Allemagne, mais inconscient peut entrer dans une voie très violente. Le libéralisme théorique n'existe pas en Allemagne ; cela prouve que la bourgeoisie allemande, malgré sa puissance économique, ne compte pas sur elle-même ; *à fortiori*, elle ne voudra pas s'allier avec les ouvriers, même dans un but commun ; il paraît que la bourgeoisie allemande est trop faible au point de vue moral et intellectuel pour accomplir sa mission historique. Les économistes conservateurs parlent en Allemagne de l'État qui doit se suffire à lui-même ; à leur avis les traités de commerce sont des exceptions nécessaires, mais regrettables, ils ne sont pas la règle. Puisque l'Allemagne ne peut pas se suffire à elle-même, il lui faut des colonies ; pour maintenir ces colonies et pour développer leur commerce avec la métropole, il faut des douanes et de la marine. Cette fiction partout désastreuse est particulièrement comique en Allemagne, puisque toutes les colonies qui avaient une valeur quelconque ont été déjà prises par les autres nations. Au surplus, l'Allemagne militaire et fonctionnariste n'a pas les moindres capacités indispensables pour administrer les colonies. En dernière conséquence donc, la théorie des économistes conservateurs allemands aboutit à prouver la nécessité des conquêtes européennes pour l'Allemagne ; c'est une des causes du perpétuel péril de la guerre qu'évoque l'Allemagne. Toutes ces théories ne servent qu'à déguiser aux yeux du peuple le féodalisme, la bureaucratie et le militarisme. Le peuple devrait voir qu'on le trompe. Si la bourgeoisie ne peut pas comprendre qu'elle a des intérêts communs avec le peuple, le peuple pourrait comprendre qu'il a des intérêts communs avec la bourgeoisie. Enfin on pourrait supposer qu'il y a quelqu'un, n'importe qui, pour comprendre que l'Allemagne doit entrer dans la voie du libre-échange et d'une façon consciente ou non, librement ou forcément, elle devra y entrer. Pourtant, personne encore ne le voit en Allemagne.

Si nous passons aux théoriciens du socialisme, à ceux qui prétendent formuler consciemment les idées du peuple, nous verrons avec étonnement qu'ils parlent eux aussi de l'organisme national se suffisant à lui-même. Ils se désintéressent parfaitement du libre-échange comme d'une question secondaire ; elle n'existe pas pour eux ; ils ne comprennent pas qu'il faut avant tout à l'ouvrier allemand de la viande et du pain à bon marché. Ce mutisme est en effet une aide tacite apportée au militarisme, au féodalisme et au protectionnisme, il prouve que l'ouvrier allemand n'a pas conscience de ses intérêts. Les socialistes allemands nous donnent seulement des indications indirectes de leurs opinions sur le libre-échange. Kautsky, le grand pontife des sociaux-démocrates allemands, écrit ; « pour que chaque commune social-démocratique produise elle-même tout ce qui est indispensable aux besoins de ses membres, il suffit qu'elle ait la grandeur de l'État moderne actuel, » et plus loin, « elle (cette commune) n'échangera avec d'autres communes que le superflu, ainsi procédait la famille paysanne primitive dans les commencements de la production pour le marché ». L'illustre socialiste allemand trouve qu'il n'y a pas lieu de résoudre préalablement d'autres questions, il ne voit pas d'étapes intermédiaires. L'organisme économique actuel de l'Allemagne, cet organisme qui de par son développement avancé ne peut nullement se suffire à lui même, et qui, par conséquent, est intéressé à ce que les autres États aussi ne puissent pas se suffire à eux-mêmes, cet organisme, dis-je, par un vrai miracle sans passer par des étapes intermédiaires connues aux États plus avancés comme l'Angleterre, la Belgique, le Danemark, doit se transformer en commune sociale démocratique qui produirait tout ce qui lui est indispensable! La vie réelle ne tardera pas à démentir de pareilles absurdités; le peuple allemand lui-même réclame de la viande et du pain à bon marché, et le gouvernememt, tôt ou tard, devra le satisfaire.

Mais ici il s'agit de constater qu'il n'y a pas de théorie scientifique en Allemagne qui puisse formuler ce vœu; les théories conservatrices le combattent, les théories socialistes s'en désintéressent et les théories libérales n'existent pas dans ce pays. Cela prouve que les théories socialistes aussi bien que les théories conservatrices, en ce qui concerne le libre-échange restent étrangères aux besoins réels du progrès; elles sont donc réactionnaires, d'une feçon consciente ou inconsciente, ce qui revient au même dans la pratique. Avant de passer à la critique du socialisme, résumons tout ce que nous avons dit du libéralisme.

Le libéralisme étend sur toute la société les conditions vitales de la bourgeoisie; parmi les conditions vitales de la bourgeoisie il y en a qui ne conviennent qu'à la bourgeoisie seule, il y en a d'autres qui conviennent en même temps aux autres classes de la société. Le postulat libéral du libre travail a anéanti les forces réactionnaires des corporations et du servage; mais dans le courant de son évolution ultérieure, il se heurta à une nouvelle force, progressiste celle-là, à l'union des entrepreneurs entre eux et des travailleurs entre eux. La conséquence de ce conflit, c'est que la liberté du travail se transforme en la liberté du choix entre les travaux bien payés et en coercition de hausser les salaires trop bas, les salaires qui ne peuvent assurer une vie adéquate aux besoins de l'homme civilisé.

Le postulat du libre-échange, commun aux intérêts des entrepreneurs et des ouvriers, est en lutte avec des forces réactionnaires d'égoïsme de castes et de nations, qui ont pris le nom de protectionnisme pour masquer leur vraie essence. Leur essence, ce sont les vieux privilèges des castes, pour lesquels payent les gens des classes les plus nombreuses et les plus pauvres. Les théories socialistes peuvent se désintéresser du libre-échange, néanmoins l'évolution sociale, qui noue toujours de nouvelles et de plus fortes liaisons entre les peuples du monde entier, ne saura l'éluder. L'évolution plus parfaite vers des buts plus élevés n'est possible qu'après que le postulat du libre-échange sera pleinement et partout réalisé.

II

Critique de la doctrine socialiste.

Nous n'appellerons pas socialisme toutes les différentes nuances de cette doctrine, nuances plus ou moins mêlées avec d'autres écoles, mais nous analyserons ce qui est l'essence même du socialisme, c'est-à-dire le marxisme. Et encore nous n'envisagerons pas le marxisme tel qu'il a été conçu par Marx et Engels, car, dans les très nombreux livres de ces penseurs on trouvera toutes les contradictions et tous les errements, mais le marxisme tel que l'enseignent aujourd'hui Guesdes, Kautsky, Rose Luxembourg et les sociaux démocrates dits orthodoxes. Les autres nuances du socialisme comme nous allons le voir s'écartent sensiblement, dans la pratique, des buts proposés par le marxisme pur, bien qu'en théorie elles les approuvent. Le marxisme orthodoxe trace une voie d'évolution qui selon lui doit être suivie par l'humanité, ensuite il montre le but sinon final du moins le plus lointain qu'on puisse entrevoir de l'évolution sociale. Nous tâcherons de résumer cette doctrine.

L'évolution sociale dépend 1° de la loi de concentration des capitaux avec ses phénomènes corrélatifs, la progression de la misère et la progression des crises; 2° de la loi de la lutte des classes ; 3° de la loi de la dépendance des faits sociaux des faits économiques (matérialisme historique).

La concentration des capitaux est un effet naturel du machinisme. L'artisan qui travaille avec ses propres outils, le paysan qui laboure son morceau de terre devront disparaître. Ils devront disparaître car ils ne pourront pas supporter la concurrence de la grande industrie qui travaille à l'aide de la machine à vapeur. Une machine à vapeur met en mouvement des milliers de métiers, qui sont accumulés dans un bâtiment près de la machine. L'activité de l'ouvrier ne consiste qu'à surveiller les mouvements automatiques du métier. La marchandise qu'on peut produire de cette façon est à beaucoup meilleur marché que la même marchandise fabriquée au métier à main ; l'artisan, avec son outil primitif qu'il met en mouvement de sa propre main, ne peut faire face à la puissante machine ; il quitte son atelier et passe comme salarié dans l'usine. Les vieilles lois corporatives ne le forcent plus à conserver son métier, il est libre de l'abandonner ; il y est forcé enfin par la famine. Le même procès se poursuit en agriculture. Le grand propriétaire foncier achète des charrues à vapeur, et différentes machines agricoles, il fait des améliorations artificielles, la productivité de son sol augmente, le paysan reste pauvre. Le grand capitaliste industriel ou agricole s'enrichit de plus en plus vite, car ses frais généraux n'augmentent qu'insensiblement pour des améliorations partielles et ses rentes augmentent dans une proportion ascendante. Non seulement l'artisan et le paysan succombent dans la lutte avec le capitaliste, mais c'est encore le capitaliste moyen qui devient la proie du grand capitaliste. Le capitaliste d'une richesse moyenne ne peut non plus produire à si bon marché que le grand capitaliste, il n'a pas assez de ressources pour acheter de nouvelles machines, meilleures, mieux perfectionnées qui viennent d'être inventées et qui exigent une dépense de capitaux considérables, mais qui donnent ensuite des bénéfices et qui permettent d'abaisser encore le prix des marchandises. Les grandes entreprises grandissent de plus en plus, les petites et les moyennes périssent, la société tend vers un état dans lequel des millions d'hommes deviennent des salariés, payés par une petite minorité de richards. Le capital se concentre dans des mains de moins en moins nombreuses.

En même temps la misère s'accroît. Chaque nouvelle machine tue une branche du travail manuel, chaque machine améliorée rend superflue une certaine quantité de bras humains, car chaque amélioration consiste précisément dans la suppression toujours plus complète du travail de l'homme. Par conséquent sur le marché il y a toujours plus de personnes qui cherchent du travail et qui ne peuvent en trouver. Les chômeurs involontaires forment l'armée de réserve du capital. La grande industrie puise dans cette réserve pour abaisser à son gré le coût des salaires. L'industriel peut toujours imposer à l'ouvrier les conditions qui lui plaisent, parce que pour un qui ne les acceptera pas il en trouvera des centaines qui les accepteront pour éviter la famine. Enfin le travail dans l'usine, où surtout travaille la machine elle-même, devient si peu compliqué que non seulement la femme mais même l'enfant peuvent le faire. Ceux-ci se contentent d'un salaire beaucoup plus bas. La femme et l'enfant eux aussi sont jetés sur le marché du travail. Le capital dissout de cette façon la famille et provoque la dégénérescence des générations futures. Dans ces conditions l'industriel paye juste ce qu'il faut pour que l'ouvrier ne meure pas de faim. Telle est la loi d'airain des salaires...

Pourtant cette marche triomphale du capital qui va écrasant toutes les existences autonomes et réduisant l'humanité au rôle d'un salarié forcé de travailler au prix qu'on lui impose, cette marche a des moments d'arrêts — des moments précurseurs d'une fin tragique. Ce sont les crises (les krachs, comme disent les Allemands). Quand il y a peu de fabriques dans le pays, on achète tout ce qu'elles produisent. La bacchanale capitaliste dure sans trêve. Mais le nombre de fabriques augmente, la lutte entre la grande industrie et l'industrie moyenne devient plus aiguë, le marché s'élargit, les moyens de production s'améliorent; et il devient de plus en plus difficile d'accorder la production avec les besoins du marché. Les moments dans lesquels il y a beaucoup plus de marchandises que d'acheteurs deviennent de plus en plus fréquents; c'est le phénomène de la surproduction. Alors les prix des marchandises s'abaissent au-dessous du coût de la production et elles trouvent des acheteurs, car il y avait des gens qui en avaient besoin, seulement ils étaient trop pauvres pour les acheter quand elles étaient chères. Et de nouveau les entreprises les plus riches sortent victorieuses de la crise, car elles seules avaient assez de ressources pour pouvoir vendre avec perte pendant un certain temps. La concentration des capitaux a fait un pas en avant. Les crises deviennent de plus en plus terribles, car les lutteurs sont toujours plus forts et ils peuvent se faire une guerre plus longue et plus acharnée. La supériorité du capital, c'est-à-dire la possibilité de vendre à perte pendant un certain temps, décide de la victoire. Après la victoire, le prix de la marchandise hausse. C'est le vainqueur qui l'impose. Les consommateurs, c'est-à-dire la foule, les salariés du capital, payent les frais de la guerre.

Quelle est donc l'issue de cette situation insupportable, où personne n'est sûr de rien et où tous descendent au rôle de serviteurs des magnats du capital, ne sachant jamais le jour où une crise ou une invention les fera la proie de la famine. Cette issue, on l'entrevoit grâce à la loi de la lutte des classes. La classe dirigeante engendrera toujours une nouvelle classe qui deviendra dirigeante à son tour. Les luttes des seigneurs féodaux, entre eux, ont abouti à la victoire d'un seigneur et ont formé la monarchie absolue et centralisée. Les monarchies pour lutter entre elles ont eu besoin d'argent et de moyens perfectionnés de lutte, elles ont donc créé une classe de fournisseurs de moyens de lutte, c'est-à-dire une bourgeoisie capitaliste qui renversa la monarchie ou l'adapta à ses besoins. Aujourd'hui la bourgeoisie veut être toute puissante. Dans ce but, elle élimine toutes les existences autonomes, tant au point de vue moral qu'au point de vue économique; du reste elle est forcée de procéder ainsi, car la concurrence et le machinisme la poussent dans cette voie. Les ouvriers deviennent de plus en plus nombreux, de plus en plus indispensables au capital et de plus en plus dépendants de lui. Une nouvelle classe se forme : le prolétariat. Le capital ne peut pas vivre sans le prolétariat, l'industriel a absolument besoin d'une main-d'œuvre nombreuse, toujours prête à tout prix à s'adonner à un travail quelconque. Mais la foule des prolétaires, foule misérable et dépendante, s'organise, elle prend conscience du malheur commun, de temps à autre elle donne l'expression du sentiment de son unité par des grèves, le but économique, le but immédiat de la grève est rarement atteint, le coût du salaire étant réglé par la loi d'airain. Et encore à chaque hausse des salaires correspond une hausse des denrées alimentaires. Économiquement, l'ouvrier ne gagne rien, mais il acquiert un bénéfice moral : son sentiment d'unité et de force est augmenté. En même temps augmente aussi sa haine pour la bourgeoisie et la conscience de sa servitude. Tous ces sentiments, le sentiment de sa force et de l'unité de classe, la haine pour les oppresseurs et le sentiment de la dépendance, tout cela devient de plus en plus clair et net dans la conscience de l'ouvrier. Et enfin arrivera le moment où la foule des prolétaires, affamée et dépendante, mais forte par le nombre et l'union, secouera le joug des milliardaires et rendra à la collectivité, à tous, cette propriété des milliardaires qui est bien le fruit du travail de tous, donc la propriété légitime de tous. C'est le moment de la révolution sociale qui annihilera la propriété individuelle et rendra à la communauté les moyens de production : terre, usines, maisons, machines, etc. L'évolution sociale elle-même, l'évolution du capitalisme en particulier prépare ce moment.

Avant de nous demander : que va faire le prolétariat victorieux le lendemain de la révolution sociale? nous allons dire quelques mots du matérialisme historique. D'après cette théorie, la politique, la religion, le caractère, l'intelligence, enfin toute la vie sont que la conséquence des conditions économiques. Du genre du travail et de la façon de se nourrir dépend tout le reste. Cette théorie a la prétention de se vérifier partout et toujours. Nous ne parlerons pas du passé. Pour le présent et l'avenir cette doctrine prétend que la classe dirigeante de l'avenir sera l'ouvrier de la grande usine, le prolétariat. Cette classe augmente en nombre. Les conditions de la vie et les besoins de cette classe devront donc un jour régler la société. Plus le prolétariat est nombreux dans une société, plus cette société est proche de l'avènement du socialisme. Le système socialiste correspond à l'idéal prolétaire et aux réelles conditions de la vie du prolétaire. Puisque le progrès ne peut évoluer que par le prolétariat, donc le système socialiste est le seul vraiment progressif. La race et le caractère ne jouent aucun rôle dans l'histoire et sont aussi l'effet du genre de travail. Les gens qui travaillent d'une même manière se forment des idées générales communes. Tous les autres facteurs n'ont pas d'influence. Les fonctionnaires, dépendants du monarque absolu, forment leur religion bureaucratique, leur politique, leur morale, adéquates à leurs conditions d'existence et susceptibles de fortifier ces conditions. De cette façon procèdent les féodaux, les grands capitalistes, ou les petits bourgeois. Il n'y a pas d'idées universelles, il n'y a que des idées de classe. Puisque la petite bourgeoisie a été tuée par la grande et celle-là succombera bientôt sous le prolétariat, ce n'est donc que des idées de la classe du prolétariat que peut venir la renaissance de l'intelligence humaine sous tous ses rapports. Le capitalisme fait le tour du monde avec ses machines et son âpreté au gain; il démolit dans sa route toutes les particularités locales; le prolétariat suit ses pas, comme une ombre : il est serviteur il deviendra vengeur et maître. L'idéal du prolétariat devient donc un idéal universel, parce que toute l'humanité tend à se transformer en un immense prolétariat. Dans ces conditions, la proportion du prolétariat avec le reste de la population devient l'unique critère du progrès. Cette proportion seulement nous permet de conclure de la distance qui sépare le pays de la révolution sociale, c'est-à-dire de la seule chose qui est un véritable progrès. Le capitalisme règne aujourd'hui soit avec l'aide d'un monarque absolu ou demi-absolu et de sa bureaucratie, soit avec l'aide d'une Chambre, achetée par la haute finance. Il devra céder la place au prolétariat.

Les marxistes ne nous décrivent pas avec tous les détails comment sera organisée la prochaine commune sociale-démocratique. Ils se bornent à des indications générales. Or donc la commune aura probablement les proportions de l'État moderne actuel. Sa première loi sera l'abolition de la propriété individuelle qu'on déclarera collective. La propriété sera tellement concentrée que l'abolition de la propriété sera facile et ne provoquera pas de mécontentement. L'argent sera aboli et remplacé par des bons de travail. La société indemnisera les capitalistes expropriés en leur donnant des bons de travail qui suffiront à eux, et à leurs enfants majeurs, pour vivre sans travailler. Les prolétaires travailleront dans des usines et sur des terres qui appartiendront à la communauté, c'est-à-dire à tous. Le principal souci d'un tel état sera donc d'ordre économique; il faudra donner à chacun un travail quelconque, utile à la communauté, et il faudra suppléer aux besoins de la vie de chacun. L'État confiera l'instruction aux spécialistes pédagogues. L'État disposera d'une statistique minutieuse des besoins et des produits. Il réglera la production de telle façon qu'elle réponde aux besoins. Il veillera à ce que personne ne travaille au-dessus de ses forces et à ce qu'il dispose d'un certain temps libre pour lui. Comme aujourd'hui on fait son service militaire, de même dans la société socialiste on devra consacrer quelques heures par jour, pendant quelques années, pour un travail exigé par la communauté. L'instruction étant dans les mains de la société, celle-ci tâchera de donner à chacun une profession adéquate aux capacités des élèves. La question comment formera-t-on le gouvernement n'est pas tranchée par les socialistes. Ils n'ont pas confiance dans le suffrage universel, le régime de nomination serait tout à fait incompatible avec la démocratie. Il n'y a pas de doute que ceux qui gouverneront cette immense machine économique, extrêmement compliquée, devront avoir de grandes capacités et une grande science, pour la plupart technique. Il serait donc difficile de les élire au suffrage universel. Je crois que la vraie pensée des socialistes est de créer des élections par le suffrage des corps de métiers ou des professions, à l'école déjà on désignerait à chacun son métier. Les marxistes n'appuient pas plus sur les détails et sur l'évolution ultérieure du régime socialiste; ils trouvent que ces questions sont prématurées.

Tel est le résumé le plus bref et le plus impartial du marxisme. Nous voyons qu'il y a là une doctrine faite d'un bloc, parfaitement logique, appuyée par des faits; à son sommet nous entrevoyons un État social qui paraît supérieur au régime actuel. Malgré toutes les objections que nous poserons à cette doctrine, nous croyons qu'elle est un élément de progrès. Nous ne partageons nullement ni la peur superstitieuse, ni la haine aveugle que provoquent dans les esprits obscurs les seuls mots « socialisme », régime « collectiviste ». Il n'y a rien dans eux qui prête ni à la peur, ni à la haine, pourtant ils se prêtent à la critique.

La loi de la concentration des capitaux n'est pas l'expression exacte de la réalité. Edouard Bernstein écrit : « Si les améliorations toujours croissantes de la technique et si la centralisation des entreprises dans un nombre croissant de branches d'industrie est un fait, néanmoins c'est un fait aussi que dans une série de branches de production les petites et les moyennes entreprises sont parfaitement capables de vivre, non moins que les grandes entreprises. » Pour prouver cette assertion, Bernstein cite des chiffres, pour la petite industrie en Allemagne. Il dit que le nombre des ouvriers qui travaillent dans des très petites entreprises (employant d'un à 5 ouvriers) augmenta de 1882 à 1895 de 24, 3 °/ₒ, dans les entreprises moyennes (de 6 à 10 ouvriers) l'augmentation est de 66, 6 °/ₒ, dans les grandes entreprises de la petite industrie, de 11 à 50 ouvriers) de 81, 8 °/ₒ. La population augmenta en même temps de 13, 3 °/ₒ; seulement, la grande industrie augmenta le nombre de ses ouvriers de 88, 7 °/ₒ. Il en ressort que la grande industrie laisse à la petite sa sphère d'activité presque intacte. En France, selon les chiffres cités par M. Ch. Gide, le nombre des personnes ayant réclamé des patentes pour le petit commerce et la petite industrie a augmenté de 1852 à 1899 de 25 °/ₒ, en même temps le nombre des patentes pour la grande industrie n'augmenta que de 15 °/ₒ. Même en Angleterre où le capitalisme est le plus développé, la grande industrie n'employait en 1896 que 3 1/2 millions de personnes, la petite et la moyenne industries employaient alors 5 1/2 millions de personnes (chiffres donnés par Bernstein). C'est la même chose dans le commerce. En Prusse les grandes maisons de commerce qui employaient plus de 50 personnes employaient, en 1885,25,619 personnes, en 1899,62,056 personnes, l'augmentation monte donc à 142, 2 °/ₒ, mais le grand commerce y joue en général un rôle peu considérable, car dans le même laps de temps le nombre des personnes employées dans le petit commerce augmenta de 745,704 à 1,112,846.

Si la loi de la concentration des capitaux ne s'applique pas au commerce et à l'industrie, elle se trouve en contradiction manifeste avec la réalité pour l'agriculture. « Il n'y a pas de doute, dit Bernstein, que partout dans l'Europe occidentale comme dans l'Amérique du Nord le nombre des entreprises agricoles petites et moyennes augmente et le nombre des grandes entreprises agricoles va en diminuant. » En France la grande propriété, c'est-à-dire celle qui a plus de 100 hectares, ne couvre que la sixième partie de la surface, le reste appartient à la petite et à la moyenne propriété, mais c'est seulement la petite propriété au-dessous de 10 hectares qui augmente. En Allemagne, malgré l'aide prêtée par le gouvernement despotique aux féodaux, ne se multiplient que « les petites fermes des paysans qui vivent exclusivement de leur propre travail, c'est-à-dire des fermes assez grandes pour donner à une famille paysanne une occupation complète et suffire aux besoins de sa vie, mais pas plus ». Selon un tableau composé par Édouard David, avec des chiffres pris des recensements de la richesse nationale en Allemagne de 1882 et de 1895, en 1882 sur les

100 hectares de terre, il y avait 75,57 hectares pour les entreprises, au-dessous de 100 hectares, et 24,43 pour les entreprises au-dessus de 100 hectares. En 1895 la même proportion changea à 75, 93 et 24, 07; donc ce sont les trois quarts de l'Allemagne qui appartiennent à la petite et à la moyenne agriculture; cette propriété en général s'accroît, mais c'est la propriété de 2 à 20 hectares qui augmenta le plus, en 1882 elle formait les 38, 75 % de la surface générale, en 1895 elle formait les 40, 01 %; et ce sont justement les fermes des paysans qui vivent « exclusivement de leur propre travail ». Dans l'Amérique du Nord, à mesure que la population augmente et que les villes s'agrandissent, la culture extensive des champs qui est basée sur la production du blé et l'élevage du bétail et qui exige de grands espaces, se transforme en culture intensive, en culture des fruits et des légumes qui exige de petits espaces. Ce procès général se reproduit en Amérique, aussi les proportions moyennes d'une ferme sont tombées de 81 hectares en 1850 à 54 hectares en 1890 (chiffres donnés par M. Gide). La même chose se produit en Angleterre. Il est vrai que de 33 millions d'acres (1 hectare 2, 5 acres) de surface générale de terre arable en Angleterre, 13 millions appartiennent aux grands propriétaires fonciers dont chacun possède plus de 3. 000 acres; mais la plus grande partie de ces biens est divisée en petites fermes. Le petit fermier au point de vue de la production ne diffère guère du petit propriétaire. La seule différence consiste en cela qu'il paye un impôt de plus : le fermage. En conséquence, ce n'est que « les 27, peut-être les 28 % de la surface cultivée de la Grande-Bretagne qui appartiennent à la grande entreprise agricole et seulement les 2, 46 % appartiennent à des entreprises colossales, plus de 66 % appartiennent à la petite et à la moyenne entreprise (Bernstein). » En général donc, la concentration des capitaux ne s'opère pas selon le schéma marxiste. Dans le commerce et l'industrie la petite entreprise se développe plus lentement que la grande, mais elle ne disparaît pas. Dans l'agriculture, la petite entreprise gagne du terrain sur la grande et, puisque le territoire cultivable est beaucoup plus limité par sa nature même que les proportions et les variations que peuvent atteindre le commerce et l'industrie, nous ne pouvons pas affirmer que le petit commerce et la petite industrie disparaissent, mais on peut dire que la grande entreprise agricole se meurt.

En tout cas les grandes entreprises industrielles se développent. Mais grande entreprise industrielle ne signifie pas grand capitaliste. Les plus grandes entreprises industrielles sont justement la propriété d'un grand nombre de compagnons, nommés actionnaires. En Angleterre le nombre des actionnaires dépasse un million, en Saxe 40000. Le nombre augmente et augmente aussi le nombre des gens aisés. « Il est faux de supposer que l'évolution contemporaine provoque une diminution relative ou absolue des gens qui possèdent. Au contraire, leur nombre augmente relativement et absolument » dit Bernstein. Le grand capitaliste ne ruine pas le capitaliste moyen, mais au contraire les grands capitaux, qui forment les grandes entreprises, sont eux-mêmes composés de petits capitaux. La grande industrie ne crée donc pas une caste de milliardaires, de moins en moins nombreuse, mais elle crée à côté des milliardaires, dans une proportion beaucoup plus grande, des gens d'une richesse moyenne.

Voilà les conclusions auxquelles nous aboutissons d'une manière inductive. Tâchons de les prouver par la déduction. La grande industrie, avec ses changements perpétuels et ses inventions, gagne presque chaque jour un terrain qui appartenait jusqu'ici à la petite industrie, mais en même temps elle crée une nouvelle sphère d'activité qu'elle ne peut pas encore utiliser elle-même, où s'installe la petite industrie. Bien entendu, cela provoque un état de trouble et d'insécurité pour la petite industrie, mais cela ne l'annule point. En général, partout où le petit industriel, l'artisan, doit faire avec un outil la même chose que la grande usine avec l'aide de la machine, là le grand industriel doit rester vainqueur. Il produit la même chose, à meilleur marché, plus vite et avec une plus grande économie de force. Mais là où on ne peut pas appliquer aucune autre force motrice que la main et là où l'artisan peut se procurer la force motrice, c'est lui qui reste définitivement vainqueur. Par exemple le cordonnier, le menuisier, le tailleur, ne pourront disparaître tout à fait, car il leur restera toujours les réparations et ils auront toujours à satisfaire des besoins de luxe et de fantaisie que la fabrique ne peut pas prévoir. En tous cas, les fabriques de chaussures mécaniques, de meubles et de vêtements confectionnés leur font une concurrence assez forte. Mais en même temps l'automobile et la bicyclette ont ouvert un nouveau champ d'activité à la petite industrie; ils ont créé les chauffeurs, les mécaniciens, les garages. Ces deux nouvelles inventions sont purement individualistes, la force motrice est mobile, donc tout ce qui touche à ces objets doit être décentralisé et autonome. Les forgerons comme artisans intimement liés aux besoins locaux ne peuvent non plus être remplacés par la grande industrie. Quand le petit industriel peut louer la force motrice, sa situation change. Par exemple, aux environs de Lyon, les communes ont utilisé la houille blanche. La force des chutes d'eau met en mouvement des turbines qui agitent des dynamos machines électriques; celles-ci produisent de cette façon une grande quantité de force électrique qui peut être transportée sur une certaine distance. Il n'y a qu'un pas à faire et la commune va louer la force électrique et la transmettre à domicile par des conducteurs. Comme on s'abonne dans les grandes villes pour la jouissance du gaz, de l'eau, du téléphone, de même là-bas on s'abonnera à la force motrice électrique. Le rôle du grand entrepreneur passe ici à la commune, mais avec des modifications essentielles. La commune loue à domicile la force électrique à des producteurs autonomes, l'entrepreneur donne la force de sa machine à vapeur à ses salariés, ce sont principalement les tisserands de soie qui profitent de l'électricité communale. Ils pourront sans doute, grâce à ce système, résister à la concurrence des filatures à vapeur; en supposant même que les frais d'installation de la force soient les mêmes pour les grandes filatures et le producteur autonome, celui-ci gagne sur les frais d'administration. Pour échapper à la dépendance des marchands ils peuvent organiser des sociétés qui vendraient leurs produits en gros. Le producteur autonome de ce genre n'est pas naturellement tout à fait indépendant; il dépend de la commune qui lui loue la force motrice et des sociétés qui lui vendent ses produits, mais: 1° il travaille chez lui; 2° il est membre de la commune et des sociétés; 3° il est libre de choisir ses heures de travail. On peut présumer que le grand capitaliste ne pourra pas soutenir la concurrence avec un producteur autonome auquel des associations de producteurs autonomes comme lui fourniront les matières premières, la force motrice et des débouchés. Les courants de l'air, le flux et le reflux de la mer dégagent aussi une force considérable que peut-être on saura aussi utiliser un jour et mettre à la disposition des communes. Il n'y a rien d'invraisemblable, rien de contraire à la science dans ces suppositions. Si cela arrive, le producteur industriel autonome se trouvera dans une situation beaucoup plus favorable que le grand entrepreneur et il le fera disparaître par la concurrence. Les grandes entreprises industrielles sont intimement liées à la machine à vapeur qui concentre le travail autour d'elle. Quel que soit le propriétaire de la machine à vapeur, le travail qui dépend d'elle doit être centralisé, spécialisé, et sujet à un règlement forcé. La force de la machine à vapeur ne peut pas être transmise à distance. Une force motrice aussi puissante que la vapeur, livrée à domicile, ne détruira pas tout de suite la spécialisation du travail, mais elle le fera décentralisé et libre de toute coercition. Les communes, provinces ou États tous démocrates pourront abaisser le prix du loyer de la force motrice, au point qu'elle devienne accessible à chacun. Cela haussera le prix du travail, la grande entreprise sera menacée de la concurrence de la petite industrie qui pourra alors produire à meilleur marché, elle sera forcée de chercher un crédit plus cher que le crédit accordé par l'État démocrate au petit industriel et elle pourra se trouver dans l'impossibilité de payer le salaire, le travail étant trop coûteux. Elle restera sans acheteurs pour ses marchandises qui seront chères et sans main-d'œuvre pour les produire; alors la grande entreprise devra disparaître et avec elle le salariat. Une force motrice susceptible d'être transmise à domicile tuera le salariat, à condition que le propriétaire et le loueur de la force deviennent la collectivité. Il est impossible de parler de l'avenir en se basant seulement sur la foi dans l'éternité de la machine à vapeur. Il est beaucoup plus probable que la force électrique se perfectionnera et deviendra accessible à tous, alors grâce à ses qualités elle fera disparaître la grande entreprise et le salariat et elle fera renaître le producteur autonome, le petit industriel, qui subit maintenant une crise.

Les chiffres cités ne nous donnent plus le droit de conclure que le petit commerce disparaîtra. Pourtant théoriquement on peut croire que c'est là la vraie destinée du petit commerce. Plus le nombre des intermédiaires entre le producteur et le consommateur est grand, plus cher doit payer le consommateur, car chacun des intermédiaires doit avoir un profit. Pour la même raison, le producteur lui-même vendra à meilleur marché. Le plus profitable pour le producteur et pour le consommateur serait le commerce direct. Chacun est consommateur. Les unions de consommateurs appelées coopératives de consommation ont pour but l'achat en commun directement aux producteurs ou au moins aux commerçants en gros. Elles donnent de grands profits soit en argent comptant, soit en créant un capital destiné à agrandir les magasins de la coopération. Les coopératives de consommation font une concurrence victorieuse au petit commerce, et il est à prévoir qu'elles auront de plus en plus de succès. Les grandes coopératives de consommation, ayant vendu au même prix que les marchands et ayant épargné le bénéfice, achètent des terres, bâtissent des usines, enfin elles tâchent de produire pour elles-mêmes tout ce qui peut être nécessaire aux membres de la société. De telles sociétés coopératives qui sont sociétés de production et de consommation en même temps, ont beaucoup plus d'obstacles à franchir que les simples coopératives de consommation. Pour que la coopérative de consommation puisse se transformer en coopérative de consommation et de production, elle doit imposer à ses membres des prix aussi élevés que ceux du petit commerçant, et cela pendant un temps considérable. Puisque les clients du magasin coopératif sont pour la plupart ceux qui lui ont fourni le capital, c'est un sacrifice de leur part de ne pas bénéficier tout de suite de ce capital. Mais enfin, même si les membres de la coopérative de consommation font ce sacrifice, et même s'ils parviennent à former une coopérative de production, ils fondent alors une grande entreprise ; mais nous avons vu que la grande entreprise dans l'industrie, malgré toutes les apparences contradictoires, n'est pas durable et nous allons voir qu'elle l'est encore beaucoup moins dans l'agriculture. Voilà les raisons pour lesquelles nous pensons que les coopératives de consommation ont un avenir brillant, mais les coopératives de production, même quand elles dérivent des premières, n'ont pas de chances de développement. Des relations directes entre unions de consommateurs et unions de producteurs paraissent le plus profitables aux deux parties. Le petit commerce donc ne disparaît pas encore, mais il est entré en conflit avec les coopératives de consommation, qui ont toutes les chances pour obtenir la victoire.

En agriculture, à mesure que les villes s'agrandissent et que la population devient plus dense, la propriété se morcelle de plus en plus. La culture extensive, qui exige des territoires vastes, se transforme en culture intensive, qui n'exige qu'un petit territoire et donne des produits de beaucoup supérieurs et en quantité et en qualité. La culture extensive n'est possible que sur des territoires très riches et fraîchement exploités.

Pour cela la culture extensive, tant que la terre est riche naturellement, est excessivement profitable. L'agriculture se borne alors à la production du blé et à l'élevage du bétail. Mais le blé et le bétail ne couvrent leurs frais ni sur un petit espace ni sur un grand espace déjà exploité. De là la transformation en culture intensive. Mais dans la culture intensive la petite propriété a beaucoup plus de chances que la grande. La machine à vapeur, cause de la concentration du travail, n'a presque pas d'application dans l'agriculture. La charrue à vapeur que l'on supposait révolutionner l'agriculture n'est pas pratique. Le travail des champs ne se laisse pas concentrer artificiellement dans une place et sous une direction, il exige de la décentralisation. Conformément à son caractère naturel, aux saisons, au temps nécessaire pour le développement des plantes et des animaux, la tâche de l'agriculteur consiste à créer des conditions favorables à la vie des plantes et des animaux. Pour cela il faut les aimer, il faut connaître leurs besoins. Les outils ne sont ici qu'une chose secondaire, en tout cas ils doivent être petits, mobiles et variés. Ce qui a fait une révolution dans l'agriculture, ce sont les expériences de Liebig, expériences d'ordre chimique et biologique, appropriées justement à la vie des êtres vivants et de chaque être particulier. L'élevage des animaux exige un travail absolument individuel, passionné, c'est quelque chose qui est voisin de la pédagogie ou de l'art, mais c'est tout à fait l'inverse du machinisme et de la production en gros. La vapeur et ses conséquences, centralisation des capitaux et concentration du travail, ne joue pas un rôle considérable dans l'agriculture. Mais l'électricité, quand on saura l'appliquer à l'agriculture, pourra bien fortifier la petite propriété une fois pour toute. La force électrique, dit David, pourra être appliquée beaucoup plus facilement aux besoins des entreprises agricoles que la force de la vapeur.

On peut facilement transmettre au loin l'énergie électrique à l'aide de fils. On peut se servir de la force électrique, avec des interruptions voulues. On peut envoyer le courant et l'arrêter ensuite. L'électricité permet de former des réserves de forces, quand les besoins sont faibles pour les utiliser quand les besoins s'accroissent.

Remarquons aussi que l'énergie électrique se prête à tout, elle peut être force de travail, foyer de lumière, foyer de chaleur, moyen de donner des signes. Pour toutes ces raisons il est plus facile d'appliquer l'électricité en agriculture que la vapeur. Grâce à ces mêmes qualités une grande station électrique centrale peut fournir de la force motrice à des centaines et des milliers d'agriculteurs. Si un fermier veut utiliser une force à vapeur il doit avoir la machine dans sa propre ferme tandis que l'électricité peut être transmise à distance, accumulée; divisée, elle est donc accessible à l'utilisation commune. Pour cela les petites fermes, aussi bien que les grandes, peuvent puiser la force, la lumière ou la chaleur au moyen d'un réseau de fils conducteurs du courant électrique. Au point de vue technique il n'y a pas là d'obstacles. Ajoutons qu'il y a des obstacles au point de vue économique, les installations électriques sont encore trop chères, mais enfin les découvertes à faire pour abaisser le coût de la force électrique paraissent assez simples. Dans l'agriculture comme dans l'industrie, l'électricité donnera un essor puissant au développement du producteur autonome. La petite entreprise agricole, comme nous l'avons vu, prospère parfaitement et sans l'aide de cette invention. L'union vient en aide au petit propriétaire. Cette union, dite syndicat agricole, se forme pour l'achat en commun des machines agricoles, de bonnes semences etc., et aussi pour la vente en commun des produits; elle donne au petit propriétaire les avantages du grand en ce qui regarde l'achat et la vente en gros, de plus le petit propriétaire aura un avantage propre, c'est qu'il fera tout par lui-même et économisera les frais d'administration. En somme, concentration des capitaux ne signifie que concentration de grandes entreprises industrielles qui reçoivent le mouvement de la machine à vapeur et qui appartiennent à un nombre considérable de personnes. Ce procès est intimement lié aux qualités de la machine à vapeur mais même maintenant, alors que la vapeur trouve une application très répandue, la concentration n'a pas gagné toute l'industrie. Dans l'agriculture, où la machine à vapeur est peu employée, on voit un procès diamétralement opposé, le procès de décentralisation du capital. Ce procès de décentralisation pourra gagner l'industrie.

La concentration des capitaux n'est pas comme la décrivent les marxistes. Il ne s'en suit pas qu'elle soit nulle et négligeable. Nous parlerons ensuite des côtés négatifs du capitalisme. Ici il nous suffit de constater que la concentration n'étant pas telle que la supposent les marxistes, elle ne peut pas avoir ces effets qu'ils lui prêtent, elle ne peut pas provoquer une misère progressive et des crises progressives. Nous avons vu que le nombre des personnes qui possèdent s'accroît relativement et absolument. Cela est tout à fait contraire à la thèse de la misère progressive. Quant aux ouvriers, il faut distinguer les États où l'ouvrier a la liberté de se syndiquer et où il peut avoir une influence sur la législation, et les États où l'ouvrier est privé de ces droits. Dans les États de la dernière catégorie le sort de l'ouvrier est vraiment misérable. La loi d'airain des salaires ne trouve pas alors d'obstacles. Le grand entrepreneur peut conclure alors un contrat avec un pauvre diable isolé, sans l'appui de ses camarades et sans l'appui de la société. Dans ces conditions l'entrepreneur est maître absolu de la situation, il peut réellement offrir juste ce qu'il faut pour que l'ouvrier ne meure pas de faim. La situation change dans les pays où l'ouvrier a le droit de se syndiquer et où il a de l'influence sur la législation. Alors tous les ouvriers d'une usine ou d'une ville peuvent simultanément poser leurs conditions aux entrepreneurs; ils peuvent le faire par des délégués permanents élus. Sans doute on pourrait trouver dans tout le pays un nombre suffisant de personnes pour remplacer les ouvriers qui veulent librement débattre les conditions de leur salaire, mais il est impossible de les trouver tout de suite et de les transporter dans une localité. Si les conditions ont été posées et si on a menacé de la grève l'industriel dans une période où la fabrique donne des revenus et où chaque jour d'arrêt apporte des pertes considérables, l'entrepreneur bat en retraite, ne voulant pas perdre de si grands profits. Ensuite l'ouvrier est citoyen et comme tel il peut avoir de l'influence sur les lois du pays, il peut donc exiger qu'une partie des impôts soit utilisée pour satisfaire certains besoins spéciaux à la classe ouvrière, plus les ouvriers sont nombreux plus ils ont de chances de réussir. Les États où il y a la liberté d'unions corporatives, la liberté de grèves, où la loi est l'expression de la volonté de la majorité des citoyens, ces États forment un milieu hostile à la progression de la misère. Dans les pays démocrates non seulement la misère ne se propage pas, mais le bien-être de toutes les classes, en y comptant la classe ouvrière, s'accroît. En France, selon Georges Weill, les salaires ont haussé de 77 à 100 o/o dans la période de 1853 à 1880. Après 1880 la France a adopté le système protectionniste, en conséquence l'industrie française cessa de se développer et la hausse des salaires depuis ce temps ne dépasse guère 1/4 o/o. En tout cas l'ouvrier français gagne dans les villes industrielles en moyenne 6 francs par jour, dans les campagnes 4 francs par jour. Le prix des produits indispensables (pain et viande), malgré les tarifs protectionnistes français, est resté stationnaire depuis 1853 ; il a même un peu baissé, grâce à l'importation prodigieuse de l'Amérique. En Angleterre où le protectionnisme n'a pas ravagé le pays, la hausse des salaires est encore plus considérable (8 fr par jour) et le coût des produits indispensables encore moindre. Dans de telles conditions non seulement la misère ne s'accroît pas parmi les ouvriers, mais le bien-être se répand. Beaucoup d'ouvriers peuvent faire des économies et passer à la petite bourgeoisie. La célèbre petite épargne française qui de temps en temps crée des entreprises colossales, est composée en grande partie des économies ouvrières. Dans les pays démocratiques la misère ne s'accroît pas même parmi les ouvriers. Il ne s'en suit nullement qu'il n'y ait rien à faire dans ces pays dans leurs intérêts et dans l'intérêt des gens qui ne possèdent rien, mais il s'en suit qu'il y a à faire d'autres réformes que celles que proposent les marxistes.

La théorie des crises progressives n'est pas non plus conforme à la réalité. L'industrie subit les crises les plus graves dans les pays nouveaux au point de vue capitaliste ; ces crises sont les plus terribles, là où l'industrie se développait dans les serres chaudes du protectionnisme. Dans les pays où le capitalisme bat son plein, les crises sont exceptionnelles et toujours partielles. Il n'y a pas d'entreprise qui soit en état de lutter avec toutes les autres entreprises. Elle lutte avec quelques-unes, mais elle a des intérêts communs avec d'autres. Plus est parfaite l'évolution capitaliste, plus est forte la communauté d'intérêts de chaque entreprise avec d'autres, donc si une entreprise chancelle, beaucoup d'autres entreprises auront intérêt à la soustraire à la faillite. Les crises deviennent alors plus rares et non pas plus fréquentes. La théorie marxiste peut être appliquée jusqu'à un certain point dans les États autocratiques et, malgré ses lacunes, elle serait assez juste si son but était de faire une révolution démocratique et d'établir un État démocratique. Mais les marxistes persistent à nier la nécessité de la révolution démocratique, voulant passer sans transition de l'absolutisme au socialisme. Bebel, dans son discours d'Amsterdam, déclare carrément que les socialistes allemands ne feront aucun effort pour arriver en Allemagne à la république démocratique. Rose Luxembourg dit de Bernstein qu'il est intelligent comme un juif qui ne voit rien au-delà de son Talmud, parce que Bernstein s'est déclaré partisan du mouvement pour le suffrage universel égal, direct et secret au Landstag prussien. Elle prétend que l'introduction de ce suffrage ne peut hâter l'avènement du socialisme. On ne peut comprendre cela que d'une façon. Les marxistes allemands ont peur du gouvernement absolu prussien, ils en ont peur tellement, qu'au lieu de hâter l'avènement de la démocratie allemande, qui serait vraiment un tombeau pour l'absolutisme, ils ont forgé une chimère vide de sens et inoffensive, qu'ils ont nommée révolution sociale, et qu'ils ont renvoyée à un avenir lointain. Le plus caractéristique est Kautsky. Il conseille aux ouvriers allemands de ne pas se livrer à des manifestations parce que cela pourrait amener la suppression des journaux socialistes, il pense surtout sans doute à son journal. Il se fait l'illusion que la liberté allemande dépend de la lecture de son journal. Ce mélange de servilité et d'hypocrisie est un trait caractéristique de l'Allemand en général. Nous y reviendrons en parlant du matérialisme historique. Maintenant nous avons à étudier la loi de la lutte des classes, telle que la présentent les marxistes.

Aucun homme, aucune classe, aucun être vivant ne peut être en relation de lutte exclusive avec son milieu. Il ne pourrait pas exister alors. La classe sociale comme chaque organisme prend, d'une part, ce qu'elle a besoin et, d'autre part, donne ce qu'elle a de superflu. Quand une classe sociale prend trop, elle rompt l'équilibre naturel des facultés des individus qui la composent et elle se dissout parce qu'elle fait dégénérer ses membres. Sur le tronc dégénéré de la vieille classe dirigeante naît une classe nouvelle, qui la remplacera. Chaque classe, outre les intérêts qui ne sont propres qu'à elle seule, doit avoir des intérêts communs avec d'autres classes; car la nature des hommes est en général la même jusqu'à un certain point. Quand la conscience d'une classe n'est pas éveillée, elle prend et elle donne inconsciemment. Elle se développe dans le sens qui lui demande le moins d'efforts. Mais déjà alors parmi les éléments que cette classe emprunte il y en a qui se laissent prendre, qui éprouvent le besoin qu'on les prenne, il y en a d'autres qui sont pris par force; dans ce dernier cas seulement il y a lutte. De même, ce que la classe donne, elle le donne souvent de son propre gré, elle donne aux autres ce qu'elle ne peut pas utiliser elle-même, ce qui ne lui est pas nécessaire, elle donne le plus souvent ce qu'elle veut donner, afin de recevoir en revanche ce dont elle a besoin; rarement elle donne ce qu'on lui prend par force et dans ce dernier cas seulement il y a lutte. Quand une nouvelle classe apparaît et quand elle devient assez forte pour pouvoir refuser tout ce qu'on veut lui prendre de force, alors la vieille classe dirigeante doit se transformer de façon à ne pas agir par la force, elle doit ne plus employer la lutte comme moyen de satisfaire à ses besoins. La réciprocité des services ou la faculté naturelle de donner, propre aux autres, doit alors satisfaire ses besoins. Nous avons deux genres d'harmonie : une harmonie basée sur l'équilibre de forces qui sont trop faibles pour se détruire mutuellement, et l'équilibre se transforme alors en une union faite en vue d'un but commun, qu'on découvre alors; et une autre harmonie, basée sur des forces qui s'alimentent mutuellement sans se détruire. Quand les classes et les individus sont inconscients, cette union s'opère par des luttes du sang, des sacrifices, des révolutions. Mais à mesure que les hommes deviennent conscients, c'est l'analyse raisonnée qui commence à opérer les changements. L'homme commence à comprendre que la lutte avec un autre homme est une pure perte de forces pour tous les deux, et qu'il leur est beaucoup plus profitable d'utiliser ces forces pour la lutte contre leurs instincts inférieurs et pour la lutte contre la nature. C'est pour ces raisons qu'il y a des questions sociales qu'on tranchait autrefois par le glaive et qu'on noyait dans le sang — et qu'on tranche aujourd'hui par des luttes pacifiques. Pendant trente ans la Réforme a noyé l'Europe dans le sang. La séparation des Églises et de l'État, opérée récemment en France, est une innovation beaucoup plus importante que la naissance d'une nouvelle secte — car c'est cela qu'était la Réforme — et ce changement se produit par la propagande et par le raisonnement seulement. Au moyen âge, chaque prétexte était suffisant pour déclarer une guerre, aujourd'hui les nations civilisées ne se font plus la guerre de gaieté de cœur. La bourgeoisie pour se délivrer de l'État bureaucratique et despotique a dû faire une guerre, une révolution sanglante. C'est vrai, mais on ne peut pas tirer de ce fait cette conséquence que le prolétariat, pour se délivrer de la bourgeoisie, devra faire la même chose. Nous voyons, au contraire, que là où le prolétariat est émancipé au point de vue politique, il va vers l'émancipation économique, non pas par la révolution, mais par l'évolution. Les grandes batailles qu'il livrera à la bourgeoisie ne seront point des batailles sanglantes. Pour moi, je ne me représente pas le prolétariat émancipé comme une armée du travail, passive et obéissante; je crois qu'il aura la forme d'un groupement d'individus libres, autonomes, indépendants. Dans un État où chaque classe peut atteindre son but d'une manière pacifique, la voie révolutionnaire est superflue, toutes les classes trouvent leur intérêt dans le maintien de l'outil commun de la liberté, c'est-à-dire de l'État démocratique. La rivalité des classes et des individus ne disparaît pas alors, mais la haine des classes disparaît. Si le capital se concentrait vraiment de cette façon, comme le supposent les marxistes, s'il provoquait des crises progressives et une misère progressive, — alors l'unique voie du progrès serait la révolution sociale et ensuite la régime collectiviste. Puisque le régime collectiviste subordonne l'individu à la société, sa conséquence devrait être une réaction de l'individu, une révolution anarchiste et un régime anarchiste. Telle serait la voie du progrès. Mais l'accroissement du conscient atténue les formes de la lutte, démontre l'inutilité de la lutte des hommes entre eux, il est le trait essentiel de l'évolution et par conséquent le progrès devra suivre une autre voie. Si nous méconnaissons le rôle du conscient, nous aurons alors le schéma suivant de l'évolution :

1° L'absolutisme, basé sur l'idée du bien général et du monarque seul, qui par la grâce de Dieu, a la connaissance de ce bien ; c'est une expression de l'âme collective.

2° Le libéralisme, basé sur l'idée de la liberté personnelle ; c'est une expression de l'individualité humaine, mais en fait limitée à un nombre de privilégiés du capital.

3° Le socialisme, qui est de nouveau une expression de l'âme collective, il est plus profond, moins mystique et englobe plus d'individus que l'absolutisme ; c'est l'absolutisme du tout sur l'unité.

4° L'anarchisme, qui est de nouveau une expression de l'individualité humaine, expression accessible à chacun.

Tel serait le schéma. Mais nous savons que de par l'accroissement du conscient, la transition de l'absolutisme au libéralisme était beaucoup plus rapide et beaucoup moins sanglante, que la transition antérieure du féodalisme à l'absolutisme. Si même nous admettons que le schéma reste le même, nous pouvons supposer que les transitions ultérieures seront de plus en plus pacifiques. Pourtant nous ne pouvons pas admettre ce schéma. Les deux premiers rythmes du schéma : l'absolutisme et le libéralisme, sont des faits ; les deux suivants : le socialisme et l'anarchisme se prêtent à beaucoup de doutes et d'objections. Nous les avons déjà signalés jusqu'à un certain degré, nous en signalerons encore.

Ici il nous reste à voir la thèse du matérialisme historique. Les conditions matérielles de la vie, c'est avant tout le climat ; le genre de travail n'est qu'une conséquence du climat. Les montagnes, la plaine, la faune, la proximité de la mer, le froid, le chaud, tout cela dirige l'homme dans une certaine voie de travail. Tout cela forme aussi son caractère, qui au bout de quelques générations vivant d'une même manière, se cristallise et la race se forme. Le caractère et la race, une fois cristallisés excercent à leur tour une influence sur les idées et sur les croyances. Les idées et les croyances se cristallisent à leur tour et exercent une influence sur tous les autres facteurs, de sorte que pour comprendre l'état d'un peuple dans un moment donné, il faut se rendre compte de tous ses facteurs ; de même quand on veut connaître son évolution ultérieure. Aujourd'hui la proportion des ouvriers et des salariés n'est pas du tout un critère de la civilisation, l'effusion des idées socialistes l'est encore moins. Le socialisme est le plus répandu en Prusse, où 18 % de la population y adhèrent. Personne ne nous fera croire que la Prusse est le pays le plus civilisé du monde, ou bien que dans l'avenir il sera le plus civilisé. L'explication est tout autre. La voici. L'Allemand, de par le caractère de sa race, est une nature passive, mystique, obéissante et laborieuse, il est une matière très apte à devenir l'esclave du Prussien, qui est un amalgame des aventuriers de tous pays. Puisque l'Allemand habite l'Europe et puisqu'il est malgré lui en contact avec des idées libertaires il commence à être mécontent et ne veut plus être esclave. Mais il exprime son mécontentement d'une façon qui lui est propre, c'est-à-dire d'une façon passive et mystique. Le marxisme lui enseigne qu'il doit supporter tranquillement son sort d'aujourd'hui, il ne lui donne pas l'espoir d'une amélioration rapide, même s'il fait une révolution très pacifique, car les grèves n'améliorent pas le bien-être ouvrier, elles ne lui donnent qu'un bénéfice moral et il lui jure que de cette façon il marche droit à l'idéal, au régime collectiviste. Une croyance pareille permet d'être passif, elle est conforme au caractère de la race allemande, elle permet en même temps de se croire révolutionnaire, que dis-je le plus pur révolutionnaire du monde; elle aide aussi à supporter tranquillement la misère et le despotisme ! Le pays le plus civilisé de l'Allemagne, la Bavière, le pays le moins misérable et le moins despotique, ne compte que 6 % de socialistes et ce nombre n'augmente pas. Au Danemark, en Norvège, en Suisse, dans tous ces pays d'une très haute culture, le pourcentage des socialistes est très faible, presque nul. Mais en Saxe, gouvernée par une oligarchie, privée du droit du suffrage universel à la diète du pays, en Saxe, les socialistes forment les 80 % de la population. Le socialisme est une réaction contre le militarisme et le despotisme, il n'est une réaction contre le capitalisme que jusqu'à un certain degré, jusqu'à ce que le capitaliste ne compte plus sur ses propres forces, mais se cache derrière le dos du despote armé. On ne peut pas affirmer que le régime démocrate soit un mérite exclusif de la classe bourgeoise qui a renversé l'absolutisme. C'est le cas de la France et même en France les choses ne se sont pas passées si simplement : même en France on ne peut savoir exactement quel facteur eut plus d'influence sur la grande Révolution, la dégénérescence de l'absolutisme lui-même, les idées libertaires des encyclopédistes ou l'invention de la machine à vapeur. Même en France, tous ces facteurs ont joué un rôle. En Suisse, en Amérique, en Scandinavie, en Australie, les idées de la classe de la bourgeoisie, l'invention de la machine à vapeur qui rendit la bourgeoisie toute puissante, ces facteurs, dis-je, n'ont joué aucun rôle. Le régime démocratique s'est installé là comme conséquence du sentiment de la liberté et de l'indépendance personnelle, sentiment conforme au caractère de la majorité des citoyens de ces pays. Il est naturel que dans des sociétés pareilles le marxisme comme théorie générale soit absolument incompréhensible. C'est pour cela qu'en France le marxisme est beaucoup moins répandu qu'en

Allemagne; dans les sociétés anglo-saxonnes il est presque inconnu. Et justement, là où le socialisme en général et le marxisme en particulier est peu développé, justement là les conditions de la vie des ouvriers sont les meilleures et leurs organisations corporatives sont les plus fortes. Pourquoi? Parce que le caractère national du Français et de l'Anglais n'est ni passif ni mystique. L'ouvrier français et anglais se syndiqua, conquit les droits politiques, sut diminuer ses heures de travail et hausser les salaires. Son but était réaliste, sa méthode pleine d'énergie, les résultats qu'il a obtenus sont réels et ce qu'il n'a pas encore atteint il veut l'atteindre de la même façon. Les Trade-Unions anglaises ont exercé une influence bien supérieure sur l'accroissement du bien-être ouvrier que toute la sociale-démocratie allemande; mais les trade-unions voulaient accroître le bien-être de la classe ouvrière, et la sociale-démocratie allemande veut inculquer un foi, une croyance dans un régime, qu'on ne peut entrevoir que par la foi Elle réussit jusqu'à un certain degré. Chacun arrive là où il veut arriver. L'ouvrier allemand est marxiste, il travail 12 heures par jour, il gagne 3 marcks, et il paye 1 marck pour une livre de viande. L'ouvrier anglais en général n'est pas du tout socialiste, il travaille 9 à 10 heures par jour, il gagne 6 à 8 schillings (6 à 8 marcks) et il paye moins d'un marck sa livre de viande. L'ouvrier australien et américain travaille dans des conditions encore meilleures. Outre le marxisme, il y a des théories qui ont pour but l'émancipation du travailleur et qui s'appellent aussi socialistes. En fait, elles ne devraient pas employer ce nom, parce que le marxisme l'a pris, et elles n'ont rien de commun en réalité avec le marxisme, bien qu'elles ne puissent pas se séparer tout à fait de l'idéal mystique et passif du marxisme, elles s'intéressent pourtant beaucoup plus à la pratique qu'à la théorie. Nous réservons à ces théories un chapitre spécial.

III

Quasi-socialisme

Bernstein donne une très bonne définition des gens que j'appelle quasi-socialistes. Il dit qu'ils ne sont pas « les puissants parmi les penseurs socialistes, mais qu'ils sont des républicains ardents ». Le quasi-socialisme se dénomine lui-même socialisme critique en Allemagne et réformiste en France. Je tâcherai de prouver l'épithète « quasi » que je leur donne; je prouverai qu'elle n'est ni ironique, ni exagérée. Les quasi-socialistes ne sont pas vraiment des puissants, non seulement parmi les penseurs socialistes, mais parmi les penseurs en général. Pourtant ce sont des gens honnêtes qui travaillent pour le bonheur de la classe ouvrière, et puisque cette classe est une partie de la société, ils travaillent pour la société.

On sait que le républicanisme est un régime basé sur la souveraineté du peuple. Tous les hommes habitant le pays et majeurs élisent des députés choisis par eux à la majorité des voix. Les députés mandataires des électeurs forgent des lois, votent des impôts, font des réformes, enfin gouvernent par l'intermédiaire des ministres responsables. La loi est alors l'expression de la volonté de la majorité des citoyens. Si l'amour-propre du peuple l'exige, un des exécuteurs de sa volonté peut porter le titre d'empereur ou de roi, cela ne change pas les choses, pourvu que ce monarque, selon la formule anglaise, « règne mais ne gouverne pas ». C'est pour cela que non seulement la France, la Suisse et l'Amérique du Nord sont des Républiques, mais aussi des royaumes, comme l'Italie, l'Angleterre, le Danemark, la Norvège, la Belgique, la Hollande, — jusqu'à un certain degré la Suède — et bientôt l'Autriche sera du même nombre ; mais on ne peut nullement considérer comme Républiques les États dits républicains de l'Amérique du Sud « parmi les 15 présidents, 11 ont eu le pouvoir à l'aide d'une révolution où d'un coup d'État et maintiennent le pouvoir par une dictature militaire ». (Esmein. Droit constitutionnel.) Le critère du républicanisme, ce n'est pas du tout le titre porté par le premier citoyen de l'État, mais c'est le suffrage universel, direct, égal et secret, c'est le droit de législation, de contrôle et de décision accordé à la Chambre des députés. Si les ouvriers des usines forment dans une République la majorité des citoyens, ils peuvent imposer à toute la société les lois qu'ils voudront : ils peuvent même imposer à toute la société des conditions de vie qui ne sont propres qu'à eux. Ils peuvent le faire, mais, même s'ils forment la majorité, ils ne doivent pas le faire, car aucune classe n'a intérêt que tout le monde vive comme elle. En tout cas, elle peut le faire quand elle a la majorité et aucune force ne peut l'empêcher de le faire. La majorité de la population ayant les mêmes désirs, élira une majorité de députés qui feront des lois conformes à ces désirs. La minorité pour lutter ne peut pas se baser sur la loi, car la loi n'est que l'expression de la volonté de la majorité. Si la minorité voulait s'appuyer sur la force, elle serait aussi impuissante, car la force est du côté de la majorité. Au contraire, tant que les ouvriers forment la minorité ou même formant la majorité tant qu'ils expriment des désirs différents, ils ne peuvent imposer à la société les conditions de leur vie, ni par la force, ni par la loi.

Il est clair que tant que la société est dirigée par une minorité privilégiée, tant qu'existe la monarchie absolue, et que la source des lois n'est pas la volonté de la majorité de la nation, mais la volonté de quelques individus, il n'y a rien de meilleur à faire que d'abolir l'arbitraire. Toute société y est intéressée du moment qu'elle a compris qu'elle n'est pas un tas de gamins qu'on peut commander à sa guise.

Le premier quasi-socialiste, celui-là même qui en apprenant qu'il y a des marxistes a déclaré « moi, je ne suis pas marxiste » comprenait très bien ces choses ; c'était... Karl Marx. Marx n'a pas vu qu'on peut passer directement des vieilles communes ou du féodalisme au républicanisme, comme ont passé la Suisse, les pays Scandinaves, l'Amérique du Nord; ces pays ont évolué de cette façon grâce à l'amour de l'indépendance personnelle, grâce à l'influence individualiste de la religion protestante, grâce à des causes tout autres que l'émancipation de la bourgeoisie du joug de la monarchie. Marx ne l'a pas vu; il n'a pas vu non plus « que le gouvernement moderne, c'est-à-dire un gouvernement républicain, n'est pas « un comité pour gérer les intérêts communs de la classe bourgeoise », mais qu'il est un comité, qui exécute la volonté de la majorité de la nation. Si cette majorité est ouvrière et si elle voit les choses d'une façon aussi étroite que Marx, le gouvernement deviendra alors « un comité pour gérer les intérêts communs du prolétariat ». Le millionnaire et le misérable ont donc un vote égal; pour éviter les concussions il est secret. Marx, absorbé par la lutte des classes, ne pouvait pas comprendre cela. Pourtant il a compris au moins que tant que la monarchie absolue existera, il faudra essayer de l'abolir par un effort commun pour aller plus loin. « Quand la bourgeoisie commence la ution, dit Marx, le parti communiste lutte, d'accord avec la bourgeoi ntre la monarchie absolue, le féodalisme et les corps de métiers ourgeois ». Ces mots ne laissent aucun doute : Marx prédit un du prolétariat et de la bourgeoisie contre l'absolutisme, la bure ie, le militarisme, les vieux privilèges féodaux et corporatifs. Le pr ultérieur n'est seulement possible, selon lui, qu'après une telle lut

Les marxistes ont oublié tout ce qu'il y avait de raisonnable dans Marx. Karl Kautsky, le plus orthodoxe et le plus estimé des marxistes allemands contemporains, écrit : « depuis le mois de juin 1848, en Europe occidentale, aucune révolution bourgeoise qui pourrait devenir un commencement de révolution prolétaire n'est plus possible ». Au premier abord Kautsky a raison. En Europe occidentale c'est-à-dire en France et en Italie, aucune révolution, ni bourgeoise, ni prolétaire, n'est plus possible : ces deux États sont républicains; chez eux, la bourgeoisie, et le prolétariat, et les intellectuels, et les petits producteurs autonomes, enfin tous, ont la pleine liberté de forger les lois et les institutions qu'ils désirent, pourvu que ces lois et ces institutions ne portent pas préjudice à la majorité des citoyens, car dans ce cas, on ne pourra pas les faire valoir ni par la loi, ni par la force. Mais Kautsky compte parmi les pays de l'Europe occidentale l'Allemagne, et ici seulement on voit ce qu'il veut. Ici seulement ressort son caractère servile et mystique d'Allemand. Premièrement, l'Allemagne est située dans l'Europe centrale, sur la plaine centrale de l'Europe. Ensuite je veux croire avec Kautsky qu'en Allemagne une révolution pour abolir le despotisme est impossible — mais cela ne change pas ce fait que sans une telle révolution, accomplie par les forces unies de la bourgeoisie et du prolétariat, le progrès rapide non seulement de l'Allemagne, mais même de toute l'Europe, comme nous allons le voir, est impossible.

Kautsky affirme que le gouvernement républicain est au moins aussi nuisible à la classe ouvrière que le gouvernement despotique. Mais puisque le gouvernement républicain est une délégation de toute la population, on ne peut prouver cette assertion qu'en disant que les classes pauvres et les ouvriers ne comprendront jamais leurs intérêts, ou bien qu'on pourra toujours acheter leur vote. Si c'était ainsi, si les classes ouvrières restaient toujours à un niveau si bas, il faudrait désespérer qu'il y ait en général un moyen quelconque d'améliorer leur sort. Kautsky écrit une préface à la traduction polonaise du manifeste communiste, dans laquelle il déplore les malheurs qui menacent l'humanité à cause de l'avènement d'un socialiste au fauteuil ministériel en France. Le ministre socialiste Millerand a fait voter bien des réformes qui ont pour but l'élévation des classes non aisées. La loi du 10 août 1899 imposait aux entrepreneurs des travaux de l'État et des communes le devoir de limiter les heures de travail des ouvriers et de leur accorder des journées libres pendant les fêtes. La loi du 30 mars 1900 limitait à 11 heures par jour le temps du travail, après une année à 10 1/2, et définitivement à 10. La circulaire de ce ministre du mois d'août de l'année 1900, invite les inspecteurs du travail à chercher des renseignements dans les syndicats ouvriers. Tout cela était un acheminement vers des réformes sociales plus sérieuses que Millerand ne pût accomplir, car son ministère est tombé. Mais son activité en tout cas a été utile à la classe ouvrière, et on ne voit guère pourquoi Kautsky s'en plaint. L'utilité des réformes de Millerand n'est pas contestée par Kautsky, mais il dit que son activité a provoqué des pertes morales que les bénéfices matériels ne peuvent égaler. Ah oui ! il y a des pertes morales : la misère ne progresse pas, la haine des classes s'atténue, donc le moment de la révolution sociale s'éloigne. Mais un tel raisonnement est une folie. Si même le régime collectiviste doit prévaloir un jour, ce ne sera pas par la voie de la révolution, mais par une voie législative. « On peut bien s'imaginer, écrit M. Gide, des parlements avec une majorité ouvrière, où des projets de nationalisation des terres ou des usines seront aussi tranquillement discutés et votés que nous discutons et votons le budget, par exemple ». Mais pour s'imaginer un parlement de cette sorte, il faut lui accorder le droit de législation, et il faut accorder la supériorité de la République sur le despotisme. L'Allemagne est gouvernée d'une façon despotique, elle a trop peu d'audace pour secouer ce joug, il lui est difficile de le dire franchement, et elle imagine une théorie qui masque si bien son infériorité qu'elle se transforme en une supériorité apparente. Kautsky accomplit cette besogne.

L'Allemagne est le pays le plus industriel du continent européen ; la classe ouvrière allemande est la plus nombreuse, absolument et relativement. Selon le critère du matérialisme historique, l'Allemagne est le pays le plus civilisé de l'Europe et par conséquent elle devrait la première secouer le joug du despotisme. Ainsi pensait Marx et il avait parfaitement raison, seulement il ne s'est pas rendu compter du caractère servile et mystique de l'Allemand. Il a mis de côté l'élément du caractère et de la race; c'est pour cela que les prévisions de Marx ne se sont pas réalisées. Kautsky voit bien la faute de Marx, mais il se console en disant que l'Allemagne passera sans transition du despotisme au socialisme. Il conseille aux ouvriers d'être tranquilles, presque absolument tranquilles, pour que la loi de la concentration des capitaux puisse agir sans entrave. Il est difficile de débiter de plus grandes absurdités.

Le grand quasi-socialiste Marx avait même des moments de lucidité psychologique. Le « vrai » socialisme allemand existait dans son temps. Quand la révolution éclata en Allemagne ce socialisme la trouva « trop bourgeoise », ne lui prêta pas d'appui et saisit l'occasion pour « lui opposer les désidérata socialistes, et jeter les malédictions habituelles, sur le libéralisme, sur l'État représentatif, sur la liberté et l'égalité bourgeoise, et pour faire croire au peuple qu'avec le mouvement bourgeois il peut tout perdre mais qu'il n'a rien à gagner. » Au moment opportun le socialisme allemand oublia que la critique française dont il était un écho vide, avait devant elle une société moderne bourgeoise (en réalité, cette société française n'était pas absolument moderne, car la France avant 1848 n'était pas républicaine) avec les conditions de vie adéquates et une constitution politique conforme à ses besoins, elle possédait donc les conditions qu'il s'agissait de conquérir en Allemagne. » (Marx et Engels. Man. com.) Aujourd'hui la France a réellement une constitution politique moderne, c'est-à-dire républicaine, adéquate aux besoins de toutes les classes; le « vrai » socialisme allemand saisit aussi « le moment opportun » pour affirmer que la République n'a aucune valeur pour les ouvriers. Le traducteur polonais du manifeste communiste dit que le socialisme « vrai » n'existe plus en Allemagne et qu'il n'y a qu'un nommé Karl Grün pour le soutenir. Mais non! Ce n'est pas exact. Le « vrai » socialisme allemand est prospère et son représentant n'est pas Karl Grün, mais Kautsky, en personne.

Là où au sommet du génie révolutionnaire est un Kautsky, il n'y aura jamais de révolution. Et pourtant elle doit être! L'Allemagne armée des pieds à la tête, prête à se ruer sur chacun à n'importe quel moment, pousse toute l'Europe aux armements qui coûtent des milliards. L'issue est unique; les États républicains pour se soustraire aux dépenses militaires doivent préalablement imposer le républicanisme à l'Allemagne. Si les milliards, dépensés aujourd'hui improductivement pour l'armée, vont combattre la misère, l'humanité en sera bien soulagée, n'en déplaise aux Kaustky qui peuvent ne pas être satisfaits « que la misère ne progresse pas en raison directe du développement de la société capitaliste ».

Les Trade-Unions anglaises sont l'exemple classique du quasi-socialisme. Ces unions ouvrières se désintéressaient de tout ce qui n'était pas en rapport direct avec les besoins de la classe ouvrière! Jusqu'à 1905, si elles faisaient de la politique, ce n'était que pour appuyer les libéraux libre-échangistes. De l'État elles n'exigeaient que de la liberté pour s'organiser. Rien de plus. Dans ces limites théoriques et judiciaires les Trade-Unions ont sensiblement amélioré le sort des ouvriers anglais. Leur organisation est forte, elles peuvent toujours menacer de grèves le capitalisme, car elles sont prêtes de passer des menaces au fait, elles ont des ressources assez puissantes pour soutenir la grève et elles n'usent de ce moyen qu'en cas d'extrême urgence. Ces procédés leur ont permis de limiter les heures de travail et de hausser les salaires dans des proportions plus grandes que sur le continent européen. Les unions ouvrières américaines et australiennes suivirent l'exemple de l'Angleterre; pourtant là on exigea des réformes sociales avec l'aide de l'État; on les a fait passer, mais la classe ouvrière en général ne se perd pas dans des prévisions sur la structure de la société future, elle considère ses réformes comme des moyens de satisfaire des besoins présents, non comme une marche vers un avenir déterminé. En Australie la journée de huit heures est fixée par la loi; le minimum du salaire n'est pas fixé d'une façon législative, mais grâce à l'énergie et à la force des syndicats ouvriers il a atteint 12 fr. par jour. Bien entendu ces syndicats se sont formés avec la liberté politique absolue de se syndiquer et de faire des grèves.

Je crois que le parti socialiste français avec Jaurès et avant avec Millerand en tête joue en France un rôle analogue, mais moins prononcé. Le leader du parti socialiste orthodoxe marxiste en France est Jules Guesde. En Angleterre, en Amérique et en Australie, les marxistes purs sont peu nombreux. L'ouvrier australien interrogé par un marxiste savant sur son programme répond : « Mon programme? Il est très simple : 8 heures et 8 schillings. » Le marxiste revient en Europe scandalisé, pourtant l'ouvrier est beaucoup plus intelligent que lui. Le parti de Guesde a une influence plus grande en France, en tout cas elle est de beaucoup inférieure à l'influence des marxistes en Allemagne. Les socialistes français avec Jaurès en tête ne nient pas le but essentiel du socialisme, c'est-à-dire qu'ils sont partisans de l'abolition de la propriété individuelle et de l'abolition de la production pour le marché; de même ils rêvent le triomphe du régime collectiviste, mais ils veulent atteindre ce but par la voie des réformes successives, dans les cadres du régime actuel. Ils sont partisans de la journée de huit heures, des assurances ouvrières en cas de maladie, d'accidents, de chômage involontaire, ils voteront les retraites ouvrières, l'impôt progressif, ect. Ils tâchent de faire accepter ces lois au parlement. S'ils arrivent à la socialisation définitive des moyens de production, ils procèderont sans doute de même. Les socialistes français créent des syndicats et des bourses de travail qui ont pour but entre autres de trouver du travail. La grève en général est considérée comme un moyen suprême quand tous les autres moyens sont épuisés. Les délégués du syndicat posent à l'entrepreneur des conditions, les pourparlers commencent, la grève éclate seulement s'ils échouent.

Millerand voulait introduire des Conseils de travail, composés d'ouvriers et de patrons qui décideraient définitivement tous les rapports mutuels. Cette innovation aurait rendu les grèves tout à fait impossibles; considérées comme inutiles, elles auraient été déclarées criminelles. On ne l'a pas accepté et c'est juste. La grève doit rester toujours une arme décisive et suprême dans les mains de tout le prolétariat. Il peut en user avec plus d'efficacité qu'un conseil des délégués, persécutés ou achetés par le patron. Dans la plupart des cas l'entrepreneur peut, sans léser ses intérêts vitaux, faire des concessions aux ouvriers, mais il ne le veut pas. Il a recours non seulement à un refus net, mais encore à des concussions et à des intrigues. La grève doit être réservée pour ces cas comme moyen de recours suprême. Les socialistes français marchaient toujours d'accord avec les républicains contre les monarchistes et contre les cléricaux. Les socialistes qui siègent au parlement élaborent des réformes qui ont pour but d'améliorer le sort des ouvriers. Les socialistes qui travaillent dans les syndicats conquièrent des salaires plus élevés plutôt par menace de grève que par la grève elle-même : ils organisent des bureaux de placement, des universités populaires, etc.

Les marxistes purs affirment donc que toutes les réformes partielles faites au bénéfice du prolétariat éloignent le but définitif vers lequel le prolétariat se dirige. Pour faire voter de telles réformes, il faut faire des alliances avec la bourgeoisie radicale; cela provoque une amitié qui atténue la lutte des classes. Il y a encore pis. La hausse des salaires n'est pas égale partout. Une grande partie des ouvriers touche des salaires si élevés qu'elle peut faire des économies; elle les fait et, ô malheur, elle les places dans des sociétés capitalistes par actions. Tous ces ouvriers ont donc acquis une propriété et ne sont nullement intéressés dans la disparition de la propriété individuelle. Donc, il ne faut pas exiger des réformes partielles; il faut faire des émeutes qui ne peuvent pas apporter de bénéfices immédiats, mais qui exercent l'esprit révolutionnaire et il faut attendre le moment où d'un seul coup on pourra abolir la propriété individuelle et la rendre collective.

Les socialistes critiques ou réformistes (les quasi-socialistes) répondent qu'aucune classe et surtout la classe ouvrière ne voudra attendre le moment du salut qui arrivera — on ne sait pas trop quand — si elle peut gagner un bénéfice dans les conditions actuelles. Quant à la socialisation des moyens de production, il n'y a qu'à attendre le moment où les ouvriers auront la majorité. Ils l'exigeront alors et le parlement devra la voter. Cette réponse est d'une logique parfaite. Néanmoins l'idée des marxistes que les réformes partielles atténuent la haine des classes, entravent la concentration des capitaux et ne mènent pas vers le collectivisme, cette idée reste vraie. Le collectivisme c'est-à-dire l'abolition de la propriété individuelle, est le dogme fondamental du socialisme, c'est le trait caractéristique qui le fait reconnaître des autres théories. D'abord les socialistes voulaient abolir toute propriété individuelle; maintenant ils ne parlent que d'abolition de propriété individuelle, quand cette propriété est moyen de production. Mais la possession d'actions ou d'obligations est aussi une propriété qui est moyen de production. Le mérite des réformes partielles consiste entre autres dans une amélioration du bien-être ouvrier à tel point que l'ouvrier devient souvent petit capitaliste. Donc ces réformes quoique en théorie elles mènent vers le collectivisme, en pratique conduisent ailleurs. C'est pour cela que j'appelle tous les mouvements de ce genre quasi-socialistes. A côté du petit fermier agricole qui prospère, à côté de l'artisan indépendant qui traverse aujourd'hui une crise mais qui ne disparaît pas, et auquel demain le moteur électrique donnera sans doute un appui puissant, à côté d'eux se range dans la société démocratique l'ouvrier aisé, l'ouvrier petit capitaliste et actionnaire. Le nombre des personnes qui possèdent à titre de propriété individuelle des moyens de production augmente, ce qui rend de plus en plus difficile l'abolition de cette propriété.

L'affaire Hervé a révélé un autre côté du problème. Il y a un mouvement socialiste qui existe seulement en France. C'est le syndicalisme révolutionnaire. Quoiqu'il tire son origine de la doctrine de Marx, il est au delà et du marxisme et du réformisme. C'est un mouvement demi-socialiste demi-anarchiste. Les marxistes purs restent embarrassés devant ce nouveau-né; ils ne savent quelle attitude ils doivent prendre envers lui. Les réformistes français l'ont condamné franchement pour la France et les socialistes critiques allemands voudraient le voir en Allemagne. Mais ce syndicalisme révolutionnaire ne s'est pas développé en Allemagne. C'est parfaitement logique, car la France est un État libre et l'Allemagne est un État despotique. Il n'y a que les marxistes purs qui ne veulent pas reconnaître ce fait. Hervé se dit syndicaliste révolutionnaire. Il fait la propagande pour la grève militaire. On lui a fait remarquer que si personne ne veut faire son service militaire en France, l'Allemagne en profitera et envahira la France. Cette possibilité n'émeut guère M. Hervé, étant donné qu'aussi bien la République française que l'autocratie allemande sont au service de la bourgeoisie et étant donné que le sort de l'ouvrier est également misérable dans les deux pays. Marx a dit que les prolétaires n'ont pas de patrie. Si l'Allemagne envahit la France, les prolétaires des deux pays s'uniront et formeront une force plus puissante. La bourgeoisie française doit défendre la France, le prolétariat n'a pas de patrie et il ne défendra pas la patrie française. Dans l'État franco-allemand le prolétariat unifié pourra vaincre plus facilement la bourgeoisie, car celle-ci sera divisée. Voilà la thèse d'Hervé résumée brièvement, mais objectivement.

Jaurès combat avec indignation cette misérable doctrine. En effet, il n'est pas difficile de prouver que le gouvernement républicain responsable devant une Chambre élue au suffrage universel est au service de toutes les classes. Le sort de l'ouvrier français est, au moral et au matériel, beaucoup meilleur que le sort de l'ouvrier allemand. Enfin, l'armée en

Allemagne est vraiment un instrument obéissant dans les mains du despote, des féodaux et de la bourgeoisie; donc en Allemagne les décisions du parlement n'ont la force de loi qu'autant qu'elles sont approuvées par le monarque. En France, au contraire, l'armée, elle aussi, est un exécuteur de la volonté de la nation. Aucun despote, aucune classe privilégiée ne peut envoyer l'armée française se battre avec n'importe quel ennemi. La Chambre des députés seule, par la majorité de ses voix, peut le faire; c'est donc la nation elle-même. L'armée française est au service de la nation française, l'armée allemande est au service du despote allemand. En France c'est la nation seulement qui peut déclarer la guerre, c'est la nation seulement qui peut manifester sa volonté et se défendre contre l'ennemi. Mais pour ce but elle doit avoir un instrument effectif, c'est-à-dire une bonne armée. La France doit être forte, car elle est la seule grande puissance purement républicaine, elle est le refuge et le repaire du mouvement libérateur de toute l'Europe. La France ne menace personne, elle n'attaquera personne la première; la France abolira même l'armée permanente, mais auparavant elle doit être sûre que l'Allemagne n'attaquera pas son indépendance; et pour cela elle n'affaiblira pas sa force militaire avant que l'Allemagne ne se transforme d'un État despotique militaire en un État républicain pacifique.

L'immense majorité des ouvriers français est d'accord avec ce raisonnement, quoiqu'elle ne le comprenne qu'à demi. Au fond l'ouvrier français se considère comme citoyen de la France, malgré qu'il ne soit pas encore arrivé à satisfaire ses justes désirs; il aime son pays, il comprend obscurément sans cette netteté que donne la comparaison, mais enfin il comprend que le régime républicain lui offre la possibilité d'une conquête pacifique d'un avenir meilleur et il ne veut nullement subir le joug d'un despote étranger. L'union de toutes les nations ne résultera pas d'une conquête de toutes les nations par une seule, mais résultera d'un contrat libre conclu entre nations libres. Aucune nation civilisée n'a besoin de perdre son indépendance. L'État national indépendant est la prémisse historique de la fédération des États. Le sentiment cosmopolite de l'humanité ressort du sentiment du citoyen d'un pays. L'internationalisme est un degré supérieur du patriotisme, il croit et se développe sur le terrain du patriotisme, en éliminant seulement ce qu'il y a en lui de haine de races et d'esprit de conquête.

En Allemagne, le quasi-socialisme est représenté par le groupe de Bernstein. Ce groupe considère que la chose essentielle en ce moment c'est d'obtenir le droit de suffrage universel, direct, égal et secret, aussi bien dans les diètes des pays, qu'à la diète de l'Empire et d'obtenir que les projets acceptés par les majorités de ces Chambres aient force de loi. Ce groupe vise donc tout simplement à l'abolition du despotisme et à l'avènement du républicanisme. Ce groupe n'est pas nombreux en ce moment; les socialistes orthodoxes avec Kautsky en tête disent: « qu'ils sont comme les juifs qui ne voient rien au delà du Talmude ». Le groupe de Bernstein s'appelle socialisme critique. En résumé, le socialisme critique ou réformiste est d'avis qu'il n'y a qu'une révolution ; c'est la révolution démocratique qui transfère le pouvoir aux élus de toute la nation. Les réformes sociales, et entre autres la grande réforme sociale de l'abolition de la propriété individuelle, seront faites par les votes du parlement ; ces réformes seront donc successives et législatives, dans le sens républicain de ce mot. Après la révolution démocratique il n'y a plus de révolution, il n'y a qu'une évolution qui conduit au collectivisme. Nous sommes d'accord avec ce raisonnement, seulement nous ne pouvons pas admettre qu'une telle évolution mène vers le collectivisme, et nous appelons le mouvement critique ou réformiste quasi-socialisme. Le socialisme critique faible en Allemagne est prépondérant en France et en Italie. En Danemark, en Norvège et en Suisse, en Angleterre, en Amérique et en Australie, presque tous les socialistes sont des socialistes critiques ; et encore dans ces pays l'immense majorité des ouvriers s'est syndiquée dans de fortes organisations corporatives ; ils ont conquis des conditions d'existence meilleures que nulle part ailleurs, mais ils n'envisagent pas ces conquêtes comme des prémisses vers le collectivisme, ils ne croient pas en général à l'idéal collectiviste. Les ouvriers de ces pays aiment le régime politique de leur patrie. Le socialisme orthodoxe est le plus répandu en Allemagne, c'est-à-dire dans un État où le joug du gouvernement et du capital est le plus fort, où l'ouvrier n'a pas de droits de citoyen et où les conditions de sa vie sont en général relativement les plus mauvaises. Dans les États démocratiques où les ouvriers jouissent de tous les droits du citoyen, où leurs conditions de vie sont les meilleures, il y a en pratique de fortes unions corporatives qui ne visent pour la plupart qu'à l'amélioration du sort de l'ouvrier dans les limites du régime économique actuel ; en théorie le socialisme critique prévaut.

Pour résumer la critique du quasi-socialisme disons que le mouvement auquel nous avons donné ce nom se trompe en théorie, approuvant le collectivisme comme idéal, mais dans la pratique, qu'il est dans une bonne voie, car il conquiert pour les ouvriers les droits du citoyen, il les aide à s'organiser et il fait qu'ils arrivent à améliorer leur sort. Une telle activité est profondément estimable ; pourquoi ? nous le verrons en analysant la théorie de la solidarité.

Avant de passer à la solidarité il nous faut voir le socialisme dit de la chaire (Katheder socialismus). Cette théorie, émise par des savants, a eu un mérite : elle a contribué à élaborer des projets concrets de législation ouvrière. Elle a introduit aussi une idée très juste de ce qu'elle appelle « l'existenz-minimum » (le minimum d'existence). La société est obligée d'offrir à chaque individu incapable ou privé de travail par la faute de la structure sociale, tout ce qui est indispensable à cet individu. L'entrepreneur est obligé en partie d'assumer les frais d'assurance des ouvriers qui travaillent pour lui et cela pour les mêmes raisons qu'il est obligé de réparer ses machines. La dépense pour le renouvellement du matériel est indispensable ; de même si l'ouvrier a perdu ses forces dans le travail de l'usine et s'il n'est plus capable d'aucun autre travail, l'entrepreneur est obligé de pourvoir aux besoins de ce mécanisme humain détérioré par le travail au profit de l'entrepreneur. Les socialistes de la chaire luttaient contre la soi-disant inéluctabilité des lois sociales. Les lois dont s'occupe l'économie politique, écrit Laveleye, ne sont pas des lois de nature, ce sont des lois promulguées par le législateur. Quelques-unes ne dépendent pas de la volonté de l'homme, mais les autres en dérivent.

Le vrai but du quasi-socialisme, c'est ce qu'on appelle le programme minimum socialiste. Il englobe le régime politique démocratique, l'instruction obligatoire, l'impôt progressif sur le revenu, les assurances ouvrières, la journée de huit heures, etc. Or il y a un pays, une partie du monde même, où presque tout ce programme est réalisé. Un ministre ouvrier n'est pas un oiseau rare comme en France, c'est un phénomène bien ordinaire en Australie. On pourrait croire que là où on a presque réalisé le programme minimum du socialisme, l'évolution devrait se diriger vers le programme maximum, c'est-à-dire vers la socialisation des moyens de production. Cela ne se fait pas pourtant. Le marxisme pur reste inconnu et incompréhensible en Australie, on ne pense pas au collectivisme. C'est illogique en apparence, nous analyserons bientôt les causes profondes de ce prétendu illogisme. Mais déjà maintenant nous pouvons nous demander si l'évolution après être arrivée au programme minimum socialiste ira plus loin dans une direction socialiste en général ? Nous allons voir que le programme minimum socialiste peut et doit être en même temps programme maximum démocratique. Donc si on accepte ce programme, on n'a pas le droit de prendre le nom de socialiste. Le socialisme de la chaire n'en a pas aussi le droit ; admettre le principe de l'intervention de l'État dans les relations économiques, c'est beaucoup trop peu pour s'appeler socialiste. Ce n'est qu'une simple réaction contre les extravagances du libéralisme et ces extravagances elles-mêmes ne peuvent être justifiées que si on les considère comme une réaction contre le despotisme. A l'État tout-puissant despotique, les libéraux opposent l'État « garde de nuit », selon l'expression de Lasalle. La bourgeoisie elle-même n'est jamais allée si loin dans la suppression du rôle de l'État. La théorie de la solidarité que nous abordons va nous démontrer l'unité profonde du programme minimum socialiste et du programme maximum démocratique ; elle va nous démontrer la nécessité d'admettre le principe de l'intervention de l'État dans les relations économiques, elle va démontrer enfin que ni l'unité des deux programmes ci-dessus mentionnés, ni le principe de l'intervention de l'État ne conduisent vers la réalisation du programme maximum socialiste, mais qu'ils conduisent vers un régime tout autre, que nous analyserons dans notre dernier chapitre.

IV

La Solidarité.

La solidarité est la philosophie sociale du parti radical. La théorie de la solidarité est fondée aussi bien sur les résultats des expériences purement scientifiques dans le domaine de la nature et de la société, que sur les conditions réelles de la vie de certaines couches sociales. Dans la science la solidarité est un fait. En général ce fait consiste dans l'interdépendance des phénomènes. Dans le sens plus étroit du mot, la solidarité consiste en une interdépendance de quelques phénomènes, interdépendance qui est profitable à tous ou au moins qui est profitable à quelques-uns et non nuisible aux autres. Profitable veut dire ici qui est conforme à l'évolution, qui aide à parvenir au suprême degré du développement. Le fait de la solidarité est inconscient, il devient conscient seulement dans les étapes supérieures de la culture sociale.

Chaque être vivant ou chaque groupement d'êtres vivants dépend d'une quantité innombrable de facteurs; il y a des liens de dépendance nuisibles à l'évolution ultérieure dans l'étape donnée, contre ces liens l'être lutte; il y a aussi des liens de dépendance profitables à l'évolution ultérieure dans l'étape donnée, avec ces liens l'être est solidaire dans le sens étroit du mot. Nous l'allons employer seulement dans le sens étroit pour ne pas faire la solidarité synonyme de l'interdépendance. Non seulement la solidarité, mais la lutte est premièrement inconsciente. Le conscient naît de la lutte et ensuite seulement il passe dans le domaine de la solidarité.

En biologie la loi de la solidarité agit parallèlement à la loi de la lutte pour la vie. Le chêne entouré de lierre est l'exemple classique de la solidarité biologique. Leurs relations intimes sont profitables au lierre et ne sont pas nuisibles au chêne. Les abeilles en suçant le suc des fleurs prennent involontairement sur leurs pattes la poussière génératrice des fleurs, elles la perdent en volant et sèment des germes de cette façon. Il n'y a nulle trace de lutte dans cet exemple. L'abeille a besoin de suc pour faire du miel, la plante ne perd rien en le lui donnant et, puisque l'abeille au surplus sème gratuitement les germes de plantes, l'espèce en profite. Si je cueille ou si je ramasse un fruit mûr, je profite, mais je ne nuis pas à la plante. Chaque être vivant non seulement prend, mais il donne aussi : il produit des fruits justement pour qu'un autre en profite. La théorie de la lutte pour la vie a été définitivement modifiée dans ce sens que les vainqueurs ne sont pas les plus forts, mais les mieux adaptés aux circonstances, c'est-à-dire ceux auxquels le milieu est le plus favorable. Une telle modification ôte tout ce qu'il y a d'élément de lutte à la théorie de la lutte pour la vie et oriente cette théorie dans un sens plus solidaire que la solidarité elle-même. Plus haut nous remontons dans l'échelle des organismes, plus souvent nous trouvons des êtres qui ne s'adaptent pas aux circonstances, au contraire, qui adaptent les circonstances à eux-mêmes. Ces êtres pour monter plus haut doivent rompre les liens nuisibles à leur développement, ils doivent transformer le milieu selon leurs besoins, ils doivent lutter au nom de leur développement suprême; mais pour que cette lutte soit plus facile et plus efficace, ils doivent contracter des liens de dépendance profitables à leur évolution, des liens solidaires au sens étroit de ce mot. L'union profitable en vue de la lutte pour le développement supérieur — voilà une des faces de la solidarité. Il y en a une autre. Chaque être en se développant produit des choses qu'il ne peut pas utiliser lui-même, il produit comme l'arbre produit des fruits. Ces produits n'ont aucune valeur pour leur créateur mais sont indispensables aux autres, ils forment ainsi des liens de solidarité.

En sociologie et en histoire la loi de la solidarité agit parallèlement à la loi de la lutte des races et des classes; avec le développement de la civilisation, c'est-à-dire à mesure que le rôle du conscient s'agrandit dans l'histoire, la solidarité remplace la lutte. L'homme s'émancipe de plus en plus du pouvoir d'un autre homme. La nature et le caractère deviennent objets de la lutte. La lutte des hommes entre eux se transforme en une lutte commune de tous les hommes contre la nature; l'homme peut entreprendre cette noble lutte seul ou bien il peut l'entreprendre avec d'autres, qu'il choisira librement; il peut profiter ou ne pas profiter de l'échange des services. Il accepte librement l'association et l'échange des services quand il les croit profitables pour lui dans sa lutte contre la nature; et puisque ce sont des éléments réellement utiles, il les acceptera presque toujours, mais il les acceptera comme on accepte une chose librement désirée et non pas forcément imposée.

Les investigateurs superficiels ne voient dans l'histoire qu'un long enchaînement de guerres, de meurtres, de rapts, c'est une lutte perpétuelle des nations qu'ils y voient. Ils oublient qu'à part ces moments de lutte il y a toujours des relations pacifiques entre les peuples. L'échange des marchandises, le commerce a toujours été un élément de rapprochement des nations. Tarde dit que le don a donné naissance au commerce. L'étranger offrait des objets inconnus; ces objets amusaient, excitaient la curiosité et on lui offrait en échange des produits du pays.

La société civilisée s'est divisée en classes par suite de la spécialisation du travail. A mesure que le travail se spécialisait, le nombre des métiers, des capacités, des degrés de bien-être s'accroissait. L'hétérogène ressortait de l'homogène primitif, comme dirait Spencer. Chaque nouvelle classe en entrant sur la scène de l'histoire ne détruit pas le travail de ces prédécesseurs, mais elle le transforme selon ses besoins et puisqu'elle n'est que la résultante des conditions du passé auxquelles elle a ajouté et changé quelque chose, elle ne fait que modifier ces conditions du passé. Au sommet de cette évolution nous voyons que le trait caractéristique de la liberté n'est pas le banal, l'uniforme, mais le multiforme, le dissemblable. La somme des ressemblances s'est accrue, oui; mais au-dessus d'elle s'est accrue aussi dans une proportion plus grande la somme des dissemblances.

Dans les conditions sociales actuelles nous voyons aussi des liens de dépendances, nuisibles pour l'évolution des classes et des individus, contre ces liens il faut lutter, mais il y a aussi des liens de solidarité qu'il faut rendre plus intimes, plus forts et plus raisonnés. Chaque action de l'homme se répercute dans la société et provoque des conséquences nuisibles ou profitables. La misère par exemple existe parce que la société tout entière ne protège pas suffisamment les classes laborieuses. La misère provoque des maladies. Les maladies sont contagieuses et se répandent sur toute la société. Outre cela, la misère provoque le crime. La société ne veut pas lutter avec la misère, mais elle doit lutter avec le crime, elle doit se défendre contre lui. Le mal qui n'a pas été guéri assez vite et qui a eu le temps de se développer, devient de plus en plus difficile à vaincre. Il est beaucoup plus facile d'empêcher quelqu'un de tomber, de lui donner un appui dans le moment opportun, que de le tirer ensuite du gouffre et de réparer toutes les fautes qu'il a commises par sa chute. Tout individu raté moralement ou économiquement est un danger pour la société. Personne ne peut dire « le sort de ce criminel ne me regarde pas ». le sort de ce criminel intéresse tout le monde, car le criminel peut voler ou tuer et alors chacun doit apporter son obole pour lui donner la nourriture et le vêtement quand le criminel est emprisonné. Personne ne peut dire : « le sort de ce misérable ne me regarde pas ». Le misérable n'est pas dépourvu d'instinct de conversation, il ne voudra pas mourir de faim, si vous vous désintéressez de lui, il volera et la société devra pourvoir à ses besoins quand il deviendra prisonnier. Et si, malgré sa misère, il reste « honnête », il deviendra alors un fil conducteur admirable de toutes les maladies qu'on puisse imaginer, il contaminera la société et la lutte contre les maladies qu'il sèmera sera beaucoup plus coûteuse que la lutte contre la misère. Personne ne peut dire : « le sort de cet homme sans culture intellectuelle m'est indifférent ». Au contraire, l'homme ignorant intéresse toute la société, son ignorance ne lui permet pas de comprendre et de goûter les plaisirs délicats que donne l'art et la science, elle le pousse vers l'ivrognerie, et celle-ci est la source de la maladie, de la misère et du crime; si l'homme ignorant entreprend un travail quelconque, il l'accomplira mal, cela peut causer une perte à chacun. Il y a des liens de dépendance nuisible qu'il faut signaler. Je laisse de côté toutes les déclamations sentimentales de l'amour du semblable ou de l'amour de l'homme. L'homme ignorant ou criminel n'est pas du tout sympathique; il n'y a nulle raison de l'aimer; même le misérable n'est pas sympathique si sa misère est une conséquence du vice ou de l'alcool. Mais le pauvre ignorant et le criminel sont un danger social et ce danger est d'autant plus grave qu'on y remédie tardivement, c'est aussi un danger général que chacun peut courir. La société doit lutter contre ce péril et en luttant elle doit procéder avec la plus grande économie de force, c'est-à-dire faire tarir les sources du mal, et ne pas s'attaquer uniquement aux conséquences.

Outre les liens de dépendance nuisible, il y a des liens de dépendance utile, des liens de solidarité que la société doit provoquer d'une façon consciente. Quand l'enfant a été instruit, quand il a ennobli son cœur et éclairé sa raison, quand enfin il a pu se reconnaître des capacités pour un travail attrayant, il deviendra un homme laborieux, intelligent, capable de juger les affaires de la société, capable même de les gérer au besoin. La société est donc obligée de donner à chacun l'instruction, et l'instruction gratuite si les parents de l'enfant sont pauvres. L'instruction primaire doit être non seulement générale, mais elle doit aider l'enfant à reconnaître sa capacité maîtresse et le pousser dans la voie de sa vocation. L'homme ne fait bien son œuvre que quand il l'aime. Pour que le travail soit aimé il doit être conforme à la capacité maîtresse de l'enfant. L'instruction secondaire et supérieure doit être aussi donnée gratuitement aux jeunes gens capables, mais indigents. L'État moderne, c'est-à-dire l'État démocratique basé sur le suffrage universel, égal, direct et secret, s'appuie uniquement sur des masses instruites. Des gens ignorants éliront des députés ignorants, ils ne distingueront pas le possible de l'impossible, l'essentiel du secondaire, l'utile du nuisible, ils abaisseront au niveau de leur ignorance les affaires de la société. D'autre part, dans la société civilisée il n'y a aucune classe, ni aucune race qui ait le monopole de l'intelligence. L'État démocratique a besoin de gens capables et instruits et il les prend partout ; c'est pour cela qu'il doit donner l'instruction à tous. L'instruction générale n'est pas du tout en conflit avec les intérêts des classes aisées. 1° Elle entrave la misère, le crime et les maladies; 2° elle donne la possibilité de résoudre par le raisonnement et par des décisions des conflits qui paraissent insolubles aux esprits obscurs. L'instruction primaire obligatoire et gratuite, l'instruction non seulement générale mais aussi donnant la connaissance d'un métier, l'instruction secondaire et supérieure également gratuite pour les personnes indigentes mais capables, ce premier point du programme minimum socialiste indispensable selon eux seulement pour le prolétariat, est encore beaucoup plus indispensable pour le reste de la société, qui est lié avec le prolétariat par des liens de dépendance naturelle, qu'il s'agit de transformer en solidarité consciente.

Les libéraux disent que l'instruction n'est pas un devoir de l'État. Selon eux, l'État n'est pas directeur de la société, son rôle se borne à empêcher les conflits extérieurs. L'évolution intérieure dépend de la société elle-même. Si l'instruction est réellement nécessaire, des entrepreneurs particuliers ou des philanthropes se trouveront et ils la répandront. L'État les laissera libres.

La théorie libérale de la non-intervention de l'État s'explique par une conception bornée et immédiate des intérêts de classe de la bourgeoisie. Si l'État prend l'instruction à sa charge, il lui faut de l'argent; il augmentera les impôts et ce sont les gens les plus riches qui les payeront. Mais si l'État laisse l'instruction à l'initiative privée, les gens riches ne seront pas obligés de payer et s'il se trouve parmi eux des personnes qui veulent le faire, elles auront le rôle flatteur de philanthropes.

Le principe de la non-intervention ne peut être justifié au point de vue des droits de l'individu et de l'intérêt de toute la société. L'ignorance de l'individu nuit à toute la société. Et puisque le gouvernement avec tout son appareil administratif n'est qu'un moyen puissant et efficace d'exécuter la volonté de la société, il est naturel que la société use de ce moyen pour combattre l'ignorance qui lui nuit. Pour accomplir ses devoirs de citoyen, pour avoir son jugement et son idée sur les affaires communes, il faut être instruit. Pour accomplir les devoirs de son métier ou de sa profession, il le faut être aussi. La société a besoin que tous ses membres soient instruits; c'est pour cela qu'elle permet au gouvernement de puiser des ressources nécessaires et elle lui ordonne de donner l'instruction à chaque individu. Ce raisonnement solidariste est assez vaste pour englober aussi bien les intérêts de classe de la bourgeoisie que ceux du prolétariat. L'entrepreneur a besoin d'ouvriers qui soient raisonnables, capables et honnêtes: il ne peut travailler sérieusement lui-même qu'avec le concours de tels ouvriers. L'ouvrier naturellement doit être, dans son propre intérêt, raisonnable, capable et honnête. Si même on admet que ce sont les classes riches qui, par l'intermédiaire des impôts, payent l'instruction publique, encore dans ce cas elles gagneront à la longue, quoique momentanément elles aient à faire une dépense plus grande.

Mais avec le système actuel des impôts, les classes riches payent relativement la plus petite partie des charges publiques. Les trésors de tous les États se remplissent principalement de revenus de douane et d'impôts indirects. Ces impôts atteignent surtout les objets indispensables : pain, viande, allumettes, sel, pétrole, etc. Le prolétariat consomme principalement ces produits. L'abolition des droits de douane et de toutes les contributions indirectes est une réforme des plus urgentes et des plus indispensables. Les sommes qui proviennent de ces sources doivent être remplacées par un impôt fortement progressif sur le revenu. L'intérêt de toute la société l'exige. Si on contraint l'homme indigent qui n'a pas même ce qui lui faut pour satisfaire ses besoins à supporter des charges publiques, en lui faisant payer des contributions indirectes, nous le pousserons alors dans la misère et alors nous le transformerons lui-même en charge publique. Les impôts ne devraient atteindre que les gens qui ont un revenu supérieur à un certain minimum. Mais, même au-dessus de ce minimum, les charges doivent être proportionnellement inégales, pour être justes. On a beaucoup plus de peine à payer 5 % d'impôts sur un revenu de 1.000 francs que sur un revenu de 10.000 francs. Les 50 francs du premier représentent un sacrifice beaucoup plus considérable que les 500 francs de l'autre. Pour que les charges soient égales il faut que l'autre paye non pas 5 °/o mais par exemple 20 °/o, non pas donc 500, mais 2.000 francs. Malgré tout il restera au premier 950 francs, au second 8.000 francs. Ce ne sont pas des chiffres égaux. Mais si nous admettons que le coût minimum de la vie d'une famille composée de quatre personnes (le père, la mère et deux petits enfants) est de 900 francs, nous voyons que même le premier a un petit superflu. Dans ce cas chaque personne ayant moins de 900 francs de revenu doit être libérée d'impôts,

C'est à la science de nous fournir ce qu'on peut appeler le coût de la vie normale, ce que les Allemands appellent le « minimum existenz ». La science est donc la conscience générale, elle est par rapport à la société ce que le cerveau est par rapport à l'organisme. Elle seule peut créer un critère raisonnable que la société consciente devra appliquer. L'hygiéniste nous dit combien de centimètres cubes d'air doit avoir au minimum dans sa chambre ou dans son atelier l'homme, l'enfant ou le vieillard; il dit aussi la quantité et la qualité de la nourriture qu'il faut prendre, il dit en un mot à chacun comment il doit se loger et s'alimenter. On ne peut ni dépasser ni ne pas atteindre la moyenne indiquée par l'hygiéniste sans être puni, car, par exemple, sera malade aussi bien celui qui mange trop que celui qui mange trop peu. Nous avons vu qu'au point de vue social le manque de nourriture conduit à cette simple conclusion, qu'il faut en prendre à ceux qui en ont trop, c'est-à-dire elle conduit au vol et celui-ci conduit à la prison et là seulement, en prison, la société remédie à ce manque de nourriture. Au point de vue de l'hygiène, le manque d'air et de nourriture conduit à la maladie, celle-ci est contagieuse. Pour cela il faut que la société offre gratuitement la nouriture à tous ceux qui en manquent quelqu'en soit la raison. Loin de dépenser plus, la société dépensera moins, car elle épargnera sur les frais de justice, de prison et d'hôpital qui coûtent plus, parce qu'ils ne font que parer un mal déjà développé tandis que le logement et la nourriture gratuits remédient à un mal naissant ou même qui n'est pas encore né. A cet égard il y a une institution fort curieuse dans la Pologne autrichienne. Ce sont les asiles du frère Albert. Vous y entrez, on vous donne à manger, on vous offre un lit, on ne vous demande rien, vous restez aussi longtemps que vous voulez, on ne vous demande jamais rien et on ne vous impose aucun devoir vous sortez quand vous voulez. La criminalité a tellement diminué à la suite de cette institution de ces asiles, que le gouvernement autonome a consenti à offrir au frère Albert la moitié des épargnes réalisées sur les frais de justice, et la criminalité diminue de plus en plus, en proportion presque directe du développement de ces asiles.

A un individu qui a trop de nourriture il est permis d'en prendre le superflu; parce que ce superflu nuit à son possesseur et il est indispensable aux autres. Ce raisonnement justifie tout à fait l'impôt fortement progressif sur les revenus. Mais si nous passons aux besoins non matériels comme les voyages, les livres, le théâtre, les œuvres d'art, nous n'avons plus de critère aussi solide. Dans ce domaine nous savons que l'homme ignorant, privé d'une instruction générale et spéciale primaire, est un danger pour la société, nous savons qu'un homme capable, mais avec une instruction non adéquate à ses capacités est une perte pour la société, mais où commence le superflu des besoins non matériels c'est absolument impossible de le dire. Pour cela la société n'a pas le droit d'amasser plus d'impôts qu'il ne faut pour détruire la misère et l'ignorance. Là, le pouvoir de la société sur l'individu trouve sa limite; le reste doit être laissé à l'initiative libre, au jeu libre d'individus libres. Nous avons donc une règle pour limiter l'impôt progressif. Il doit représenter une somme nécessaire pour suffire 1° aux besoins du coût minimum, de la vie matérielle de chaque individu qui n'a pas ce minimum et 2° aux besoins du coût maximum de l'instruction de chaque individu qui ne peut pas s'offrir à lui-même une telle instruction. Ce que j'appelle maximum d'instruction, c'est une instruction adéquate aux capacités de l'individu. La pédagogie seule peut décider quelle instruction convient à chaque individu. Ses décisions doivent être obligatoires pour toute la société. Le superflu de bien-être matériel, aussi bien que le manque de bien-être matériel et le manque d'instruction sont nuisibles pour la société, mais on ne peut pas qualifier de superflue une instruction adéquate aux capacités de l'individu, c'est aussi un minimum intellectuel que l'individu lui-même devra développer et sans ce minimum il ne peut pas atteindre son développement intégral.

Mais, nous dira-t-on, les pauvres ne recevront l'instruction supérieure que s'ils sont capables et les riches pourront s'instruire comme ils voudront même s'ils sont incapables. Certainement, mais ce sera un avantage pour les pauvres, car l'instruction supérieure donnée à des gens incapables ne peut porter profit. Ces gens-là s'adonneront à des tâches au-dessus de leurs capacités, qu'ils exécuteront mal en dépit de l'instruction reçue. Sans doute ce ne seront pas des gens dangereux, mais ils seraient eux-mêmes beaucoup plus heureux et plus utiles aux autres, s'ils n'avaient pas reçu une instruction supérieure. On nous dira encore que si on prend à l'individu gagnant 10.000 francs, 2.000 francs pour l'impôt, il lui reste encore 7100 au-dessus du coût minime de la vie, que nous avons porté à 900 francs. Il pourra donc dépenser tout ce capital de 7.100 fr., pour des jouissances grossières et matérielles, pour ce superflu de nourriture que nous avons qualifié de dangereux pour la société. Certainement, c'est possible. Mais c'est également possible que l'homme qui n'a pas de capital et qui n'a pas envie de travailler se plonge dans une paresse complète, s'il sait qu'en tout cas la société lui donnera l'indispensable sans rien exiger de lui. Cela, c'est également possible. Au point de vue purement social ces deux éventualités sont également probables : ceux qui ont le superflu pourront le dépenser d'une manière insensée; ceux qui n'ont rien pourront ne rien faire, car en tout cas la société se chargera de l'indispensable.

Le trait caractéristique des questions sociales c'est qu'elles restent insolubles sur le terrain purement social. Chaque grande époque crée un idéal moral, un idéal de suprême effort et elle tend vers lui. Au contraire une époque qui ne vise que le moindre effort est une époque de décadence. Nous n'envisageons nullement notre minimum de bien-être et notre maximum d'instruction comme étant l'idéal pour notre époque. Nous voulons dire seulement que le rôle de l'État est fini quand il les a garantis à chacun. L'État, certes, n'est pas garde de nuit, mais il n'est pas non plus un gendarme qui a le droit de nous vexer à n'importe quel propos. L'humanité a atteint son développement grâce à l'émancipation successive de l'individu, d'abord du pouvoir du clan puis de celui du prêtre et enfin de celui du roi, elle l'a atteint aussi parce que l'individu devenait de plus en plus maître de lui-même. En esquissant nos hypothèses sur l'avenir nous n'allons pas nous figurer un état tuteur de tous les citoyens, l'État ne doit veiller sur les citoyens que pour empêcher leur faillite individuelle, faillite qui deviendrait un danger social. Outre cette faillite qui devient un danger social, il y a des faillites, sans doute redoutables, mais qui ne menacent pas la société. Le bien-être au minimum et l'instruction au maximum rendront impossibles des faillites qui sont des dangers sociaux. Quant aux autres faillites, ni la société ni l'État n'ont à s'en préoccuper d'une façon coercitive.

L'humanité se développe par la libre initiative de l'individu libre; cette initiative exigeant un certain minimum de conditions la société le lui fournit par l'intermédiaire de son pouvoir exécutif : le gouvernement, mais la société ne doit fournir qu'un minimum de conditions, sous peine de stériliser toute initiative.

L'action créatrice de l'individu peut être utile ou inutile; elle est inutile ou plutôt nulle quand l'individu ne fait rien, il y a des individus maladifs incapables ou dégénérés qui ne veulent rien faire. Elle est inutile encore quand l'individu produit des objets dont personne n'a besoin et par conséquent pour lesquels personne ne donne rien. Chacun a plein droit de disposer de lui-même. La société ne peut pas blâmer les personnes qui s'adonnent à un travail de ce genre. Il faut se rendre compte qu'un objet inutile aujourd'hui devient demain très utile voire même indispensable. C'est le cas de toutes les inventions. Les personnes de cette catégorie laissées à elles-mêmes ne peuvent rien gagner, elles doivent donc tomber dans la misère, le crime ou la maladie et alors elles tomberont à la charge de la société. Pour empêcher ces sinistres extrémités, pour y remédier simplement d'une façon plus économique et plus facile, la société doit leur donner l'indispensable. Elle ne doit rien réclamer d'eux pour ce service, car ils sont incapables de donner des choses qu'on pourrait utiliser immédiatement. Ce sont des gens qui sont venus au monde trop tard ou trop tôt, des gens qui étaient appréciés parfois dans le passé et qui le seront sûrement dans l'avenir, mais qui ne sont pas nés pour le présent. Et il y a encore autre chose. Non seulement ces gens délaissés deviennent un danger social mais encore chaque époque a une dette de reconnaissance à payer envers le passé et elle doit avoir le souci de l'avenir. Le présent ne connaît jamais celui qui forge un avenir meilleur, voilà encore une cause pour laquelle il ne peut laisser périr personne. Nous étions dans le domaine de l'assistance obligatoire. Tous ceux qui ne peuvent pas ou ne veulent pas travailler, tous ceux qui s'adonnent à un travail pour le moment ou pour toujours inutile, tous ont le droit de réclamer à l'assistance l'indispensable, c'est-à-dire ce que l'hygiène a déclaré être minimum de nourriture et de logement.

Une activité utile consiste à fabriquer des objets dont on a besoin dans le présent. L'homme producteur doit rompre les liens d'une dépendance naturelle et nuisible, comme les liens de famille, de voisinage etc. Il doit s'associer avec ses semblables, c'est-à-dire avec des gens du même métier ou de la même profession pour arriver au degré suprême de sa perfection, pour pouvoir créer des œuvres parfaites et pour recevoir quelque chose en échange. Les conditions de vie dans le régime capitaliste le poussent forcément dans cette voie, comme nous l'avons vu dans notre premier chapitre. Je crois que l'association professionnelle aura dans l'avenir un but nouveau que je signale ici, c'est la perfection du produit. En somme pour des buts d'ordre matériel et moral, l'homme est entré dans la voie de former des associations libres, dans lesquelles il entre et dont il sort à son gré et qui de plus en plus remplacent les associations de fait comme la famille, le groupe territorial, etc. Puisque la souveraineté appartient à tous les citoyens, il est naturel qu'ils s'octroient la permission desatisfaire leur besoins. Si nos esprits n'étaient pas encore imbus de l'idée monarchique de l'État, ce serait une chose tellement banale qu'il ne vaudrait pas la peine d'en parler. Puisque malheureusement, l'État est toujours pour nous un peu un État monarchique, il faut souligner cette vérité évidente que la société et par conséquent l'État doit accorder à tous ses membres une liberté illimitée en ce qui concerne les assemblées, la propagande, les associations professionnelles, coopératives, et toutes celles qu'on peut encoreimaginer, et une liberté générale pour tout ce qui concerne les unions, groupements, etc, et aussi pour tout ce qui concerne les expressions de ces unions, comme les grèves, les manifestations, etc. Aucun code n'a à voir quelque chose dans ces questions-là même si elles provoquent d'une façon indirecte le meurtre, les blessures ou le vol; le code pénal doit s'occuper alors du crime isolé, sans remonter à ses origines et sans se servir d'un pareil cas comme prétexte pour dissoudre ces unions, car nous avons vu que si l'on remontait aux causes indirectes du crime, toute la société serait alors coupable et il faudrait aussi la dissoudre. La liberté du travail au point de vue démocratique, c'est une liberté illimitée d'association.

D'autre part, l'homme qui travaille d'une façon utile reçoit en échange un salaire avec lequel il achète ce dont il a besoin. Si l'individu n'est pas surchargé de travail et s'il reçoit un salaire suffisant pour le minimum d'existence ou même un salaire supérieur, la société n'a pas à se préoccuper de cet homme. Mais il arrive, hélas trop souvent, que l'individu est surchargé de travail et malgré cela qu'il ne reçoit pas en échange un salaire égal au minimum d'existence. Les socialistes disent que c'est injuste, parce que le travail seul doit décider de la valeur du produit : plus l'objet coûte de travail, plus il vaut. C'est un raisonnement faux : on peut travailler très péniblement et arriver à fabriquer un objet inutile, ou un objet peu utile, ou bien un objet tellement connu, si abondant sur le marché, que chacun sans aucune difficulté peut l'avoir. Nous ne pouvons pas savoir ce qu'est la valeur absolue de l'objet. Les produits qui ont eu le plus de valeur pour la postérité ont été jugés inutiles par les contemporains. Le temps du travail ne dit rien non plus : l'homme adroit fera très vite un travail qui coûtera des semaines à l'incapable. La valeur, telle que l'homme avec son esprit borné l'entrevoit, ne peut être mesurée que par le besoin. Sans doute ce n'est pas juste, mais il n'y a pas une mesure plus juste. Il faut trouver un autre remède que le changement du critère de la valeur pour que l'homme ne soit pas surchargé de travail et qu'il ait son minimum d'existence. L'homme qui n'est pas surchargé de travail : 1° a du temps pour s'instruire, pour connaître les affaires de la société qu'il doit connaître, parce qu'il est citoyen et législateur; 2° il travaille moins d'heures, mais il travaille mieux, car il n'est pas fatigué. La loi obligatoire de la journée de 8 heures, le règlement du travail des femmes et des enfants, les installations hygiéniques dans les usines et en général partout où l'on travaille, tout cela ce sont des réformes à faire dans l'intérêt de toute la société, elle sont une conséquence aussi bien du principe de la solidarité que des intérêts du prolétariat. Mais la diminution de la journée de travail pourrait bien fournir aux patrons un prétexte de baisser les salaires. Donc il faut que la loi impose un salaire minimun, ce salaire doit être égal au minimum d'existence; c'est à la science de le fixer, et à la société de l'imposer. Si l'individu n'a pas le minimum de l'existence il est dans la misère, et nous aurons toutes les conséquences dangereuses de la misère. Le salaire minimum suffisant, quand l'ouvrier est fort et sain, est cependant insuffisant pour amasser des économies pour la vieillesse, la maladie, les accidents, le chômage. Dans tous ces cas, le travailleur tomberait à la charge de l'assistance publique et ce serait peut-être un dénouement juste de la question si on pouvait espérer que l'organisation de l'assistance publique fasse des progrès rapides, et si encore l'assistance n'était pas considérée comme quelque chose de déshonorant. Sans doute c'est un préjugé de considérer l'assistance comme déshonorante, mais il est fortement enraciné. Pour simplifier la question, on a introduit le système des assurances ouvrières.

Ici nous employons le mot « assurance » dans le sens étroit de ce mot, car on a bien remarqué que tout le principe de la solidarité n'est qu'un principe d'assurance de toute la société contre la misère, le vice et la maladie. L'assurance ouvrière n'exclut pas l'effort individuel. Elle comporte l'effort individuel de l'ouvrier, l'aide du patron qui profite directement du travail de l'ouvrier et l'aide de l'État, qui assure à chaque ouvrier un minimum indispensable lorsque l'ouvrier ne peut pas se l'assurer lui-même avec l'aide du patron. Les retraites ouvrières en France doivent se composer donc : 1° d'une cotisation de 2 °/ₒ payée par l'ouvrier, sur son salaire; 2° d'une cotisation égale payée par le patron et 3° d'une majoration de l'État pour combler le chiffre de 360 fr. de rentes par an dans le cas où les cotisations de l'ouvrier et du patron n'atteindraient pas cette somme. Dans le domaine de l'assurance rentrent les personnes qui ont un salaire à peu près suffisant pour vivre, mais insuffisant pour parer aux accidents naturels, comme la vieillesse et la maladie et aux accidents d'ordre social, comme le chômage.

Ils apportent leur part pour s'assurer contre ces fléaux; puisque cette part est insuffisante, l'État et les patrons comblent la différence. Si on admet que l'État a le devoir d'assurer à chacun pendant toute sa vie le minimum d'existence, la différence entre le domaine de l'assistance et celui de l'assurance ne sera qu'une différence de quantité. A ceux qui ne gagnent rien l'État donne tout l'indispensable; à ceux qui gagnent un peu l'État paye la différence. Ceux qui peuvent contribuer par leurs propres efforts à s'assurer, doivent le faire; en tout cas on ne devrait imposer ce devoir qu'à ceux qui ont un salaire plus haut que le coût de l'existence minimum. Je crois pourtant que si on appliquait largement le principe de l'existence minimum, les assurances ouvrières seraient superflues. Quoi qu'il en soit, la limitation de la journée de travail, le minimum du salaire obligatoire et l'assurance ouvrière contribuent à augmenter le bien-être de la classe laborieuse et garantissent l'indispensable pour une grande partie de la population. Ce sont donc des applications de la solidarité.

Les socialistes, comme toujours, envisagent ces réformes comme des victoires du prolétariat, profitables seulement à cette classe. Mais ces réformes ne sont pas une conséquence du principe purement socialiste; au contraire, elles le nient, car elles entravent la misère. Elles sont plutôt des applications de la solidarité et pour cela elles ont des effets imprévus pour les socialistes. Il est naturel que l'ouvrier qui n'est pas surchargé de travail soit un meilleur citoyen, toute la société y trouve son bénéfice; nous avons déjà parlé de cela. Mais il est aussi naturel que l'ouvrier qui gagne plus, mange plus et s'habille mieux, c'est-à-dire qu'il consomme une plus grande quantité de produits agricoles et industriels, comme consommateur il donne donc un essor puissant à l'agriculture et à l'industrie. Cet essor a encore la qualité d'être régulier. Les gens riches s'ils s'adressent non à l'art et à la science, mais à la grande industrie pour satisfaire leurs besoins superflus, fondent une industrie qui vit dans une insécurité perpétuelle; le caprice en est la base et puisque les frais d'installation d'une grande entreprise industrielle sont énormes et que le bien-être d'un grand nombre d'ouvriers est lié au sort de l'entreprise, les crises fréquentes de cette industrie ont des effets désastreux; il arrive encore que, pour satisfaire aux caprices des riches, les ouvriers doivent souvent travailler dans des conditions particulièrement insalubres (le blanc de céruse, les fleurs artificielles, etc.). Une entreprise industrielle ou agricole qui répond à un besoin général est beaucoup moins exposée aux crises. Donc, si les masses laborieuses sont relativement riches, l'entrepreneur perd seulement au premier moment quand il hausse les salaires; mais ensuite, grâce à la consommation augmentée et moins capricieuse, l'industrie gagne, et gagne aussi chaque entrepreneur particulier. C'est pour cela que les salaires sont le plus élevés là où l'industrie est le plus développée, c'est-à-dire où les industriels sont les plus riches. Il suffit de comparer le coût des salaires aux États-Unis et en Russie, en Angleterre et en Espagne, pour se rendre compte de ce fait. Et ce ne sont pas non plus les pays exotiques, pauvres et demi-barbares, qui fournissent le plus grand débouché à l'industrie. Un pays civilisé, avec des masses de population relativement aisées, est toujours le meilleur débouché, parce qu'il a le plus de besoins à satisfaire.

Reprenons l'exemple du commerce franco-anglais. Nous avons déjà dit que la France a vendu en Angleterre, en 1904, des marchandises pour un milliard 200 millions. La France vend surtout du vin et de la soie. Au point de vue de la lutte des races, il y a ici un phénomène incompréhensible : pourquoi les Anglais ont-ils enrichi leur ennemi héréditaire? Au point de vue de la lutte des classes, il y a aussi dans cet exemple quelque chose d'anormal. L'Angleterre est le pays le plus industriel du monde, la concentration des capitaux y est la plus forte, par conséquent, les masses sont les plus « prolétarisées », il faut donc conclure qu'une centaine de richards a bu du vin et a usé de la soie pour un milliard. Cette conclusion est évidemment absurde. La cause est tout autre. Les salaires des ouvriers sont assez élevés en Angleterre, en outre, il y a dans ce pays une classe très nombreuse de gens d'une richesse moyenne; ce sont eux, ouvriers et petits bourgeois anglais, qui ont acheté pour un milliard de soie et de vin. Ce sont eux les prolétaires exploités par le grand capital qui ont enrichi l'ennemi héréditaire. Prenons un autre exemple. Le fabriquant allemand de Lodz, qui fait travailler dans son usine des ouvriers polonais, vend sa marchandise au paysan russe. Nous avons ici trois races ennemies et trois classes ennemies. Il faudrait donc en conclure que plus malheureux est un de ces trois, plus heureux sont les deux autres : en réalité c'est justement l'inverse. Quand le paysan a fait une bonne récolte, il achète des cotonnades, l'entrepreneur …and a un bénéfice et l'ouvrier polonais a son salaire. Si le paysan est dans la misère les deux autres perdent aussi leurs revenus. Si l'ouvrier polonais gagnait plus, il s'habillerait mieux et l'entrepreneur aurait non seulement un débouché lointain, mais aussi un débouché intérieur pour ses marchandises. Il y a des liens d'interdépendance nuisibles et il y a des liens de solidarité profitable; toutes les théories sectaires de lutte de classes et de lutte de races ne peuvent nier l'évidence de ce fait.

La réalisation du programme minimum socialiste, c'est-à-dire du programme maximum démocratique, ne détruit pas le régime actuel économique, elle le modifie seulement en introduisant une répartition des richesses plus juste et plus égale. Ce programme social peut être réalisé seulement avec le concours d'un régime politique démocratique. Il est une conséquence de la doctrine de la solidarité qui affirme que chaque bonheur ou chaque malheur de l'individu se répercute et se transforme en bonheur ou en malheur de toute la société. La société doit donc placer chaque individu dans les conditions d'un bonheur minimum, c'est-à-dire dans les conditions du minimum de l'existence et du maximum de l'instruction. La solidarité est une expression de la conscience sociale; elle démontre le fait de l'interdépendance utile des phénomènes, ce fait existe corrélativement au fait de la lutte devenu consciente, il chasse la lutte dans un autre domaine, au delà de la société. La solidarité, dit Léon Bourgeois, est une doctrine nouvelle; « entre l'économie politique classique et les systèmes socialistes une opinion s'est formée lentement, non pas intermédiaire, mais supérieure; une opinion conçue d'un point de vue plus élevé, d'où la lumière se distribue plus également et plus loin. Il ne s'agit pas d'une tentative de transaction entre les groupes et les partis, d'une opération de tactique politique. Ce n'est pas entre les hommes, mais entre les idées qu'un accord tend à s'établir; ce n'est pas un contrat qui se prépare, c'est une synthèse. »

La conscience générale peut naître seulement quand chaque classe est consciente et quand elle a une pleine liberté de fait et de droit pour s'organiser à sa guise. Seulement alors de ces consciences partielles naît la conscience générale, la solidarité. Les racines de cette doctrine plongent dans les profondeurs de la vie et sa couronne s'élance au-dessus de toutes les autres conceptions.

Le naturaliste Perrier écrit : « En établissant que dans le monde vivant, si la lutte est la condition du progrès, comme l'ont si vite appris ceux qui rêvent le bouleversement social, le progrès n'a jamais été réalisé que par l'association des forces individuelles et leur harmonieuse coordination; les sciences naturelles constituent non seulement la plus haute philosophie, mais la seule capable de fournir aux gouvernements les lumières nécessaires pour sonder et guérir les plaies profondes du temps présent. » Ces paroles d'un éminent naturaliste contemporain sont une réponse précise à l'appel que, depuis Auguste Comte, les politiques et les philosophes adressent aux sciences de la nature pour leur demander le dénouement du drame humain.

Certes, la société humaine n'est pas un organisme semblable à l'organisme animal; elle ne constitue pas un être vivant où les parties sont comme dans l'agrégat biologique, matériellement unies les unes aux autres.

Mais les effets de la solidarité naturelle ne se manifestent pas seulement entre les diverses parties de l'être vivant, ils se manifestent aussi entre les êtres de même espèce, et ses lois se vérifient également dans les phénomènes de la vie sociale.

Dans l'histoire des sociétés comme dans celle des espèces, on a reconnu que la lutte pour le développement individuel est la condition première de tout progrès; que le libre exercice des facultés et des activités personnelles peut donner seul le mouvement initial; enfin que plus s'accroît cette liberté première de chacun des individus, et se fortifie, par l'accroissement de ses activités physiques, psychiques et morales, ce moteur premier de toute action sociale, plus l'action sociale en peut et doit être à son tour accrue.

Mais on a reconnu en même temps que si ces forces individuelles sont livrées à elles-mêmes, leur énergie, même parvenue à son plus haut point d'intensité, n'est pas seulement impuissante à produire des combinaisons sociales de quelque importance et de quelque durée : elle ne suffit pas à maintenir l'individu lui-même dans un état durable de prospérité, de sécurité, voire d'existence.

L'association des actions individuelles, disciplinées, soit par la force au temps des régimes d'autorité, soit par le consentement au temps des régimes de liberté, a seule pu établir et faire vivre les groupements d'hommes, familles, tribus, cités, castes, églises ou nations.

Ainsi la loi de solidarité des actions individuelles finit par apparaître, entre les hommes, les groupes d'hommes, les sociétés humaines avec le même caractère qu'entre les êtres vivants, c'est-à-dire non comme une cause de diminution, mais comme une condition de développement; non comme une nécessité extérieurement et arbitrairement imposée, mais comme une loi d'organisation intérieure indispensable à la vie; non comme une servitude, mais comme un moyen de libération.

S'il est vrai qu'une organisation supérieure est celle où il y a équilibre entre les unités et le tout « si bien que le tout y existe pour les unités et les unités pour le tout »; l'évolution des sociétés tend donc naturellement à cet état où chacune des activités individuelles aura la liberté d'atteindre à son plus haut degré d'énergie et consacrera aussi complètement que possible cette énergie au développement de l'œuvre commune.

Par là seulement pourra être atteint, grâce au jeu des lois communes à tout ce qui vit, l'état de civilisation que, plus ou moins obscurément, se propose l'humanité, « où chaque homme vivra davantage, non seulement de sa vie propre, mais de la vie commune, où ces deux effets simultanés du progrès, qu'on avait d'abord crus contraires, seront réellement inséparables : l'accroissement de la vie individuelle et l'accroissement de la vie sociale ».

Dans la pratique, selon L. Bourgeois, « les moyens d'assurer l'équité du contrat social peuvent se résumer en trois termes principaux : 1° Assurance contre le défaut de culture des facultés individuelles. Que l'instruction soit offerte gratuitement à tous dans des conditions telles que tous puissent en réalité en profiter, et non pas seulement au degré primaire, mais jusqu'au point où l'aptitude intellectuelle de chacun lui permet d'en tirer vraiment profit ; 2° assurance contre les incapacités naturelles. Que la vie matérielle soit assurée à ceux qui sont, comme l'enfant, ou l'infirme, ou le vieillard, dans l'impossibilité de se l'assurer eux-mêmes ; 3° assurance contre les risques sociaux. Que tous les membres de la société soient assurés mutuellement contre les risques sociaux (accidents, chômage involontaire, etc.)

L'hygiène et la pédagogie permettent de définir le minimum du bien-être et le maximum d'instruction, qui est en réalité, comme nous l'avons vu, aussi un minimum. L'assurance de ces deux minima est non seulement une garantie de la société contre un danger, mais encore un moyen puissant de progrès.

La doctrine de la solidarité, telle que nous l'avons décrite jusqu'ici, englobe les besoins de toutes les classes. Il est temps de se poser cette question : quelle classe sociale existante aujourd'hui forme le noyau d'un régime économique nouveau et cette classe comme précurseur d'avenir est-elle digne d'un intérêt spécial?

Nous avons vu dans la critique du socialisme que la petite entreprise agricole et industrielle ne décline pas. L'artisan et le petit agriculteur travaillent eux-mêmes à l'aide de leur famille, sur un métier ou sur une terre qui leur appartient. Ils n'ont presque pas besoin de salariés. Ils ne placent donc personne dans des relations de dépendance économique humiliantes et ils ne disposent ni du temps ni du travail de personne. Malgré les conditions défavorables de l'époque capitaliste, ils réalisent le mieux l'idéal du travail libre, parce qu'ils sont maîtres chez eux et que personne ne leur fixe les heures de travail et aussi ils réalisent l'idéal du travail créateur parce qu'ils commencent et terminent complètement le produit, en y mettant le reflet de leur individualité. Leur travail se rapproche le plus de celui de l'artiste; travail libre, personnel, fait entièrement par la même main en somme le travail idéal. La société doit protéger les ouvriers concentrés dans les usines, mais elle doit aussi protéger les producteurs autonomes qui n'ont pas recours aux salariés, elle doit les aider à passer sans transition du régime actuel au régime futur, sans sombrer dans le dédale de la prolétarisation et du salariat. L'évolution de l'agriculture se fait évidemment dans une voie favorable au petit producteur autonome, grâce à l'électricité, l'évolution de l'industrie permet de supposer que dans un avenir prochain elle entrera dans une voie favorable au petit producteur industriel. Puisque c'est là l'idéal du travail, la société consciente doit encourager les petits producteurs et les aider à surmonter la crise actuelle. Des banques de crédit pour les artisans, des banques qui faciliteraient le morcellement des terres, pour les paysans, doivent attirer l'attention de toute la société. Mais, nous dira-t-on, le morcellement des terres provoquera la misère ; un morceau de terre suffisant pour les parents ne suffira plus aux besoins des enfants quand ils deviendront pères ou mères de famille. Ce n'est pas tout à fait vrai. L'agriculture exige un espace de plus en plus restreint, car d'un espace plus petit on extrait un bénéfice plus grand. Cette évolution peut aller si loin que la maison et un petit jardin suffiront aux besoins d'une famille. La chimie nous donne le droit de supposer que l'homme saura extraire sa nourriture des gaz et des minéraux. L'exploitation agricole sera délaissée alors, on se contentera de cultiver les fruits et peut-être les légumes. L'évolution agricole va vers une propriété très petite qui néanmoins sera suffisante. Il n'y a donc pas de raisons pour entraver cette évolution; au contraire, tout permet de conclure qu'il faut l'encourager consciemment, qu'il faut aider chaque homme sachant travailler aux champs à acquérir un morceau de terre. Les syndicats agricoles des petits producteurs pour acheter ensemble un outillage perfectionné et pour vendre en gros les produits des syndiqués donnent à la petite propriété les avantages de la grande. Le travail personnel, la surveillance personnelle et le sentiment purement artistique de paternité envers ses animaux et ses plantes, donnent au petit propriétaire agricole un excédent de force et de vitalité sur le grand.

Les lois de la lutte des classes et de la concentration des capitaux n'agissent pas selon la formule socialiste, la réalisation du programme minimum socialiste ne conduit pas vers leur programme maximum. Nous concluons donc que dans notre schéma de l'évolution : 1° absolutisme; 2° libéralisme; 3° socialisme; 4° anarchisme, il faut barrer le point 3, socialisme, et inscrire à sa place solidarisme. Par conséquent, le point 4 changera aussi, mais nous écartons pour le moment cette question.

Nous avons dit que la théorie de la solidarité est une conséquence des besoins réels d'une certaine classe. Nous avons comblé la doctrine de la solidarité par la doctrine de la protection du petit producteur autonome. Le collectivisme n'est autre chose qu'une vaste synthèse dans l'avenir des besoins ressentis aujourd'hui par l'ouvrier de l'usine, par l'ouvrier concentré autour de la machine à vapeur. Le capitalisme doit préparer le collectivisme par la concentration des capitaux et par la lutte des classes. Le collectivisme abolira absolument la liberté du travail; la société, étant grand producteur, pour suppléer aux besoins de tous, doit imposer à chacun une tâche. On suppose que le capitalisme anéantira si bien la liberté du travail que, dans le régime collectiviste, on sera tout à fait habitué au travail imposé. Mais on a vu que le capitalisme, malgré tout, n'a pas aboli entièrement la liberté du travail. N'oublions jamais que le travail libre, choisi librement par l'individu, conformément à ses capacités, le travail auquel on s'adonne avec plaisir est l'idéal du travail. Un pareil travail doit être avant tout personnel, c'est-à-dire que l'homme doit le faire complètement et l'imprégner de son individualité. Seulement alors le travail est créateur, il donne à son auteur la satisfaction morale suprême et à la société la plus grande utilité, néanmoins elle est rarement immédiate. L'homme de lettres, le savant et l'artiste sont les travailleurs qui se rapprochent le plus de cet idéal, de même l'instituteur. Mais le travail du paysan et de l'artisan est pareil ; eux aussi ils achèvent le tout et imprègnent leur œuvre de leur individualité. Le relèvement de ces classes est en même temps un relèvement de la liberté et de la faculté créatrice du travail. En même temps ces classes sont un peu à l'écart de la grande lutte du capital et du travail, elles peuvent donc les juger avec plus d'impartialité et de justice. Le petit producteur autonome, c'est-à-dire l'homme de lettres, le savant, l'artiste, le paysan et l'artisan, voilà les classes qui ont des besoins réels auxquels correspond la doctrine de la solidarité telle que nous l'avons complétée. Le relèvement de ces classes provoquera naturellement chez elles un afflux d'individus sortant des autres classes.

En résumé, puisque les capitaux ne se concentrent pas, puisque le petit producteur autonome ne disparaît pas et puisque la propriété en général se décentralise, le régime collectiviste ne pourra triompher par la voie d'une décision prise par la majorité des citoyens libres de l'État démocratique. Il ne lui reste que la voie de la violence, de la révolution sociale, d'une minorité qui imposerait à toute la société la dictature du prolétariat. La conséquence de tout ce que nous avons dit est que les socialistes, dans ce dernier cas, se trouveraient en conflit avec les solidaristes.

Mais outre ce que notre analyse a démontré, le programme minimum des socialistes exige encore l'abolition des armées permanentes et l'adoption du système d'une milice nationale. Les budgets de la guerre des États européens engloutissent des sommes énormes et embrassent presque la totalité des dépenses. Les réformes sociales, comme l'instruction, l'assistance, les assurances obligatoires, etc., exigent aussi des sommes énormes. Il est hors de doute qu'un État qui voudrait introduire toutes ces réformes et qui en même temps ne diminuerait pas son budget de guerre, un tel État ferait faillite, même en introduisant des impôts très justes et très bien répartis : donc nous devons nous poser ces questions : Est-ce qu'un État européen peut désarmer tant qu'il a des voisins armés qui menacent son existence? Est-ce que certains États et certaines nationalités n'ont pas de justes prétentions à régler en Europe? On dit que la milice suffit en cas de guerre défensive.

Le système de la milice consiste dans un appel annuel des citoyens de 20 à 50 ans pour 3 semaines de manœuvres. Supposons qu'en cas de guerre défensive la milice suffise, quoique cela ne soit pas prouvé, et quoique celui qui se défend perd toujours, car on ravage son pays. Mais la milice coûte autant que l'armée permanente. D'autre part, tous sont d'accord que pour une guerre offensive déclarée à un État moderne, la milice ne suffit pas. Or n'y a-t-il pas en Europe des questions qu'on ne peut trancher que par une guerre offensive? Que faut-il penser des guerres coloniales? Est-ce que l'Europe doit sacrifier ses colonies? Si oui, est-ce qu'elle doit les sacrifier toutes? Est-ce que la milice peut suffire dans les rapports des États européens avec leurs colonies? Peut-être dans ce cas une armée permanente sensiblement diminuée suffira?

Avec toutes ces questions nous entrons dans le domaine de la politique. Nous ne pouvons pas négliger ces questions dans une étude sociale, car ce serait négliger les deux faits caractéristiques primordiaux du régime actuel, à savoir : le militarisme et l'expansion coloniale. L'évolution intérieure des sociétés civilisées est intimement liée à leur évolution extérieure. Pour cette raison tous les travaux qui envisagent séparement l'une ou l'autre de ces évolutions, sans se rendre compte de leur interdépendance intime, n'ont qu'une valeur relative. L'étude que nous allons entreprendre va nous démontrer que parmi les États il y a aussi des liens de dépendance nuisibles et utiles que parfois, d'une façon inconsciente, les États avancés s'entr'aident et qu'ils doivent s'unir consciemment pour la lutte contre l'union des États réactionnaires et que cette dernière union existe toujours, bien qu'elle n'ait pas toujours la forme d'un traité. Nous allons voir aussi que l'évolution intérieure, ce que nous appelons, je ne sais trop pourquoi, l'évolution sociale, en opposition à l'évolution politique, que l'évolution intérieure sera arrêtée aussi longtemps que l'évolution extérieure n'aura pas fait un pas en avant.

V

La Solidarité internationale.

De nos jours les partis avancés affirment que la forme politique future de l'Europe sera la forme politique actuelle de la Suisse et de l'Amérique du Nord. Suivant une évolution identique, les États européens se constitueront en république fédérative des États-Unis d'Europe. La diffusion pacifique des idées républicaines et fédératives doit amener fatalement ce résultat et par là-même rendre la guerre impossible.

Ces affirmations sont contestées; on objecte que la Suisse et l'Amérique ne sauraient, en la circonstance, servir d'exemple, que cette évolution est très hypothétique et que la guerre est une nécessité inéluctable, un phénomène fatal, qui a sa raison d'être? Le problème est double. 1° L'Europe marche-t-elle vers un État de république fédérative? 2° Peut-on espérer rendre la guerre impossible?

Telles sont les deux questions que nous devons résoudre.

Pour répondre à la première, il faut analyser l'État actuel des divers pays de l'Europe et se rendre compte des forces sociales qui les agitent. Que faut-il entendre par républiqne fédérative? Un État où la plus grande partie des affaires publiques est gérée par des pouvoirs locaux élus au suffrage universel, où les attributs du pouvoir central élu de la même façon, sont très restreints, où par conséquent les questions de nationalité et de religion ne regardent pas l'État, mais le groupe local, le canton, le district qui les résoud à son gré. L'élément républicain s'y exprime par le suffrage universel pour créer le pouvoir. L'élément fédératif y consiste dans une division d'attributions entre le pouvoir central et le pouvoir local, telle que toutes les questions de nationalité et de religion entrent dans le domaine du pouvoir local.

Le type de cette forme politique c'est la République suisse, divisée en cantons, dont presque tous ont une population uniforme et une langue officielle. (Les cantons de Fribourg et de Vaud ayant une population mixte, composée de deux nationalités, ont deux langues officielles.)

Ce régime fonctionne dans les États scandinaves (Suède et Norvège) et dans le Danemark, presque aussi parfaitement qu'en Suisse. Chacun de ces pays de population uniforme jouit du suffrage universel. Le roi de Norvège, le roi de Danemark, n'entravent pas la souveraineté de leurs peuples; leurs pouvoirs sont purement représentatifs; ils ne jouissent que d'une certaine influence personnelle, qu'ils exercent en qualité d'hommes riches, estimés et dignes de l'être. Voilà les pays qu'on pourrait appeller purement républicains. Cette perfection de gouvernement, ils l'ont acquise par la qualité qu'ont leurs citoyens de se suffire à eux-mêmes, de ne pas exiger trop du gouvernement, de l'envisager comme une chose nécessaire mais secondaire et de placer le but principal de la vie dans le développement de la personnalité humaine par des efforts individuels.

En Angleterre, le régime républicain est entravé par le pouvoir de la Chambre des Lords, le régime fédératif par le pouvoir de l'Église officielle. Toutefois, ces pouvoirs diminuent de plus en plus et leur force actuelle est insuffisante pour imprimer son caractère sur la physionomie d'ensemble du pays. La royauté y est représentative, le caractère du citoyen individualiste.

En France, l'élément républicain s'affirme par le droit de suffrage universel. L'élément fédératif n'existe pas. Les diverses langues : basque, bretonne, provençale n'ont aucun droit et, chose curieuse, n'en réclament pas. Le pouvoir central absorbe la plus grande partie des affaires; le pouvoir local est faible et sans initiative. Le pouvoir législatif est très faiblement lié au pouvoir exécutif. Grâce à l'instabilité du premier et à la stabilité relative du second, un troisième pouvoir se superpose aux deux autres : la bureaucratie.

Le caractère du citoyen français est encore très peu individualiste, mais il tend à s'adapter aux idées anglaises et américaines. Sous l'influence de ces idées se modifie progressivement cet esprit d'administration centralisatrice hérité de Rome, qui a fait la grandeur de la France, mais qui devient de plus en plus incompatible avec les besoins de la vie nouvelle. Un indice de cette modification, c'est le développement du mouvement régionaliste français.

En Italie, l'élément républicain s'exprime par le droit de suffrage universel. Il n'y a pas d'élément fédératif. De là de graves inconvénients, car la bureaucratie italienne n'a pas la valeur morale et les bonnes traditions d'honnêteté et de loyauté de la bureaucratie française.

Toutefois, en dépit de ces imperfections, les pays ci-dessus énumérés forment le groupe des puissances républicaines de l'Occident de l'Europe.

L'Angleterre, la France et l'Italie y prédominent par la force matérielle, mais la Suisse et les États scandinaves l'emportent sous le rapport de la culture civique. Le trait commun qui permet de les grouper, c'est qu'elles pratiquent toutes le régime républicain ; souveraineté du peuple, liberté de penser, liberté de parler, d'agir, inviolabilité du citoyen. Dans ce groupe on peut encore faire entrer la Hollande et la Belgique, où existe à la fois un régime de liberté personnelle, sans égalité de droits politiques et un noyau de fédéralisme, constaté par la dualité officielle de la langue (le flamand et le français en Belgique).

Voici maintenant le groupe de monarchies absolues de l'Orient de l'Europe : Autriche-Hongrie, Allemagne, Russie. Passons sous silence les États de la péninsule des Balkans et de la péninsule hispanique ; ce sont quantités négligeables auxquelles nous reviendrons plus tard.

De ces monarchies, la plus avancée sur la voie du progrès, c'est l'Autriche. Il est impossible de parler en ce moment (mars 1906) du droit public en Autriche, car l'Autriche subit une crise pacifique. Tout ce qu'on peut dire, c'est que l'Autriche se transforme d'une monarchie constitutionnelle fédérative en république fédérative. Le projet Gautsch ne peut pas être désigné autrement. Il satisfait l'esprit républicain, car il se base sur le suffrage universel, et il satisfait aussi l'esprit fédératif, car il donne une autonomie très large aux provinces. L'Autriche compte 12 millions d'Allemands et 14 millions de Slaves. (Tchèques, Polonais, Ruthènes, Slovènes.) Le projet Gautsch tâche de concilier les droits de toutes les classes, de toutes les nationalités de l'Empire.

En Hongrie l'élément républicain est à peine en germe. L'élément fédératif est peu développé. La Hongrie est peuplée de 6 millions de Magyares et de 10 millions de Roumains, Serbes, (Khorvates, Ruthènes et Slovaques. A l'exception des Serbes (Khorvates) qui ont su garder une certaine indépendance, les autres peuples sont absolument spoliés de tout droit, au profit des Magyares. Aussi dans ce pays asservi, grandit sourdement une révolution qui sera à la fois nationale et sociale, elle fait lentement son œuvre pour aboutir tôt ou tard au régime républicain. Quant au régime fédératif, il pourra s'établir normalement en vertu des différences nationales.

J'aborde l'Allemagne, la patrie du fameux philosophe Kant. Ce philosophe apprit aux hommes à commettre, en vertu de la raison pratique, toutes les malhonnêtetés réprouvées par la raison pure. Le régime politique de l'Allemagne illustre à merveille cette pensée. Pour satisfaire la raison pure, on a créé l'institution nommée Reichstag (Chambre des députés), pour satisfaire la raison pratique, il y a le Chancelier de l'Empire, les Landstags ou Conseils de pays et le Bundesrath (Conseil de Confédération). Analysons la constitution de ces assemblées. Le Conseil de la Confédération est composé des représentants des divers pays, désignés par leurs souverains. La Chambre des députés est composée de députés, élus par le suffrage universel de tout l'empire. Les Landstags (Conseil des pays) sont élus au suffrage très limité, par de petites minorités privilégiées. Chaque pays possède son souverain. Au-dessus de tous les souverains et de tous les pouvoirs représentatifs se dressent l'Empereur et son chancelier. Les ministres de chaque pays sont responsables devant leur souverain; les ministres de l'Empire devant l'Empereur. Tel est l'échafaudage artificiel et touffu des pouvoirs en Allemagne.

Les 2/3 de l'Empire appartiennent à la Prusse; 1/3 à une vingtaine d'autres pays, parmi lesquels la Bavière est le plus important. Les provinces de l'Est comptent 4 millions de Polonais; les provinces d'Ouest 2 millions de Français. Le reste de la population (près de 50 millions) se compose d'Allemands, parmi lesquels il faut distinguer trois groupes très différents : la Prusse de l'Est, pays de grands propriétaires fonciers et de paysans, la Prusse Rhénane, pays de grands industriels et d'ouvriers, l'Allemagne du Sud (Bavière, Baden, etc.) pays de petite industrie et de petite propriété. Les Allemands du Sud sont catholiques et parlent une langue qui diffère de l'Allemand du Nord, au moins autant que celui-ci du danois. Ils forment au point de vue politique, religieux, économique, un centre très rapproché de l'Allemagne autrichienne et tout à fait distinct de la Prusse. La Prusse elle-même renferme trois nationalités différentes (Français, Polonais, Danois) qui forment le sixième de sa population. Toutes ces différences, sociales, politiques, religieuses, nationales sont vivement ressenties; elles trouvent leur expression directe dans la Chambre des députés, élus au suffrage universel. Si cette Chambre avait le pouvoir de prendre l'initiative des lois et de les promulguer une fois votées par sa majorité, l'Allemagne serait déjà maintenant une république fédérative; malheureusement, elle n'a le droit de voter que sur les projets qui lui sont présentés par le gouvernement; or, si le gouvernement craint que le projet ne soit pas accepté par la Chambre, il le soumet tout simplement aux Landstags (Conseils de pays) élus au suffrage limité. Dans les cas très rares, il est vrai, où ce procédé présente encore quelques risques, le ministre, au nom de l'Empereur ou de son souverain, décrète la loi, en déclarant qu'elle ne touche qu'à l'ordre public. C'est un absolutisme mal déguisé. La Chambre des députés a tout juste la liberté de la parole.

L'unité allemande, tout en laissant subsister les particularités locales, a donné un élan considérable à l'esprit républicain. Ce pays ne tolérera plus bien longtemps le joug de l'absolutisme qui fait du reste tout son possible pour éveiller les haines. Qui peut dire les germes de révolte que sème dans le pays la politique dite agraire. L'Allemagne, pays industriel, a besoin de beaucoup plus de blé et de viande qu'elle n'en peut produire. Elle doit importer; ces importations, le gouvernement absolutiste, appuyé sur les grands propriétaires fonciers, les frappe d'un droit de douane très élevé. Pour gagner les sympathies du grand propriétaire, on introduit la famine chez l'ouvrier.

En résumé, l'Allemagne, quoique gouvernée par un despote, voit s'étendre chez elle les idées républicaines. L'élément fédératif, loin de s'y atténuer, s'y accuse d'avantage par les différences sociales, nationales et religieuses. Les mesures vexatoires du gouvernement prussien pour les faire disparaître n'y peuvent rien. Nous en trouvons un exemple en Silésie. Ce pays, séparé de la Pologne depuis cinq siècles, paraissait complètement germanisé. Le paysan y parlait un idiome polonais, mais il n'avait de sa nationalité pas la moindre conscience. Avant Bismarck personne n'avait songé à le persécuter pour sa langue et ses idées religieuses et celles-ci se modifiaient insensiblement. Bismarck ouvrit l'ère des persécutions : on interdit la langue polonaise, partout où on put le faire, on déporta les prêtres qui prêchaient en polonais. Le résultat fut immédiat et inattendu. Spontanément contre ce valet de despote se dressa la conscience nationale du peuple silésien opprimé : des sociétés polonaises se formèrent, pour la première fois, on vit à la Chambre des députés polonais de Silésie. Le gouvernement fit alors appel à l'aide du clergé catholique allemand, qui ne craigit pas de prêter son concours à cette œuvre d'étouffement : les prêtres polonais furent déportés ou amenés à l'apostasie. Le mouvement national n'en fut pas enrayé pour cela; mais, comme conséquence, il en résulta que le peuple se détourna du clergé et que, devant la complicité dans l'arbitraire du despotisme et de la religion, surgit la libre pensée polonaise. L'exemple de la Silésie est extrêmement instructif pour comprendre l'évolution prochaine du despotisme le plus barbare et le moins habile de l'Europe, du despotisme russe.

Pour se faire une idée de ce que peut devenir la Russie, il faut savoir ce qu'elle est. Elle se compose de neuf parties extrêmement différentes, presque sous tous les rapports : 1° La Grande-Russie, composée des gouvernements de Moscou, de Saint-Pétersbourg et d'Arkangel, de religion orthodoxe et parlant la langue russe officielle ; 2° la Finlande, composée d'une population rurale finnoise et de bourgeois suédois pratiquant l'une et l'autre la religion luthérienne et ayant une civilisation générale très avancée. 3° les pays de la Baltique, dont les campagnes sont peuplées de Lithuaniens et les villes d'Allemands, ayant une noblesse également allemande pratiquant la religion luthérienne dans le nord et au sud la religion catholique, à cause d'une minorité de seigneurs polonais; 4° la Russie Blanche, comprenant les gouvernements de Minsk et de Vilno peuplée de Russes blancs, ayant une langue propre mais peu ou point de conscience nationale et ayant une noblesse russe et polonaise; 5° la Pologne, pays catholique, ayant une grande conscience nationale et une civilisation assez avancée; 6° la Russie du sud, à l'ouest et au centre, peuplée de Ruthènes dont la conscience nationale, sous l'influence des Ruthènes autrichiens, se développe rapidement, car déjà ils réclament des droits pour leur langue; leur religion est double, officiellement ils sont orthodoxes, en secret et de cœur uniates, les bourgeois et les nobles y sont de différentes nationalités. A l'est la langue grande-russe est plus en usage. Là aussi, on trouve disséminés des Tartares et d'autres peuplades mongoles, des Allemands et des Grands-Russes, adeptes de la Chtounda (sorte de luthéranisme orthodoxe); 7° le Caucase, où habitent une trentaine de peuplades, parmi lesquelles les Géorgiens et les Arméniens sont les plus civilisés et les plus nombreux; 8° la Sibérie, colonisée au sud par tous les peuples de la Russie européenne et où domine la langue grande russe (russe officiel); habitée au nord et dans les montagnes par des peuplades indigènes, pour la plupart nomades et en somme moins nombreuses que les colons. Doués d'un esprit d'entreprise et d'une intelligence remarquables, les colons sibériens sont vis-à-vis des Russes comme les Américains par rapport aux Anglais; 9° enfin le Turkestan, pays d'indigènes nomades.

Au point de vue national, les 130 millions de sujets du tsar se décomposent en 50 millions de Russes, 30 millions de Ruthènes, 12 millions de Polonais, 5 millions de Lithuaniens, 3 millions de Finnois, 7 millions d'Allemands, 9 millions de juifs disséminés partout, 3 millions de Caucasiens, 10 millions de peuplades indigènes répandues par toute la Russie et la Sibérie de l'est, 10 millions d'indigènes vivant en masse compacte au Turkestan.

Admettons que les peuplades indigènes soient sauvages et mal préparées à un régime représentatif; des lois spéciales pour elles ne seront nécessaires qu'au Turkestan, car, dans le reste de la Russie, elles sont noyées parmi les peuples plus avancés et 10 millions de sauvages ne sauraient exercer une influence sur 110 millions d'hommes civilisés. Quant aux autres peuples : les Russes, auxquels on peut, si l'on veut, adjoindre les Russes blancs, les Polonais, les Finnois, les Lithuaniens, les Ruthènes, les Arméniens et les Géorgiens, ils sont tout aussi civilisés que les peuples de l'Autriche ou que les Prussiens de l'Allemagne, ils ont des langues littéraires bien formées ou en voie de prompte formation, comme le lithuanien et le ruthène, ils ont une intelligence innée, des capacités, le goût et l'habitude du travail, une classe intellectuelle, ils sont enfin capables de se gouverner eux-mêmes;

ce qui leur manque, c'est un régime gouvernemental libre et de l'instruction. Mais voudront-ils et pourront-ils confier toutes leurs affaires à un gouvernement central quelconque? Vu l'étendu des pays, la diversité des langues et des religions, un régime central n'aboutirait-il pas forcément à un despotisme administratif, en un mot y a-t-il en Russie une poussée d'idées quelconque tendant à substituer au despotisme central une république centralisée? Non, rien de cela n'existe. Les idées républicaines se développent en Russie parallèlement aux idées fédératives. La Russie d'aujourd'hui n'a jamais eu, malgré tous les efforts des autocrates, une royauté millénaire ayant réussi, comme en France, à abolir les différences locales. Tout au plus l'autocratie, s'appuyant sur le militarisme, et le capitalisme, a-t-elle formé des cadres et facilité, par là, la révolution démocratique inéluctable désormais. L'esprit républicain est suffisamment développé en Russie pour former un gouvernement central, qui n'aurait à se soucier que des affaires extérieures, de l'armée et de la marine, tout le reste incombant aux gouvernements fédératifs, dont le noyau très développé existe déjà dans les zemstvos.

Mais alors, demandera-t-on, c'est la désagrégation de la Russie? Ces vastes territoires n'ont-ils rien de commun entre eux?

Une seule partie de la Russie, la Pologne, jusqu'au Bug, diffère essentiellement du reste, c'est un pays industriel, mais le principal débouché de cette industrie, c'est la Russie elle-même. Le lien économique existe donc même là.

Depuis le Bug jusqu'à l'océan Pacifique, c'est toujours la même plaine, assez fertile, un peu déserte et peuplée pour les 99 % d'une population agricole. Partout la même grande production : le seigle et la même richesse, l'élevage du bétail. Tous ces vastes pays ont un aspect et une façon de vivre semblables. Outre les influences politiques déjà subies, ce lien de solidarité suffira à les maintenir ensemble. Ils ont tous un ennemi commun, politique et économique, c'est l'autocratie russe. Cette autocratie, par sa politique de protection, provoque la misère du peuple. Le grand débouché de la Russie agricole, c'est l'Allemagne industrielle; mais l'Allemagne arrête l'entrée des produits agricoles russes par des tarifs prohibitifs. Au lieu de faire tout son possible pour forcer l'Allemagne à un libre-échange de produits, la Russie s'engage dans l'Orient, où elle rencontre une industrie japonaise et américaine, une agriculture chinoise, se suffisant mutuellement et tout à fait supérieures. La Russie n'a rien à faire en Extrême-Orient, mais elle doit ouvrir le seul grand marché qui existe pour son seigle et pour sa viande : l'Allemagne. La Russie ne le fait pas; elle frappe de droits élevés les produits de l'industrie allemande, elle crée artificiellement une industrie qui ne saurait se développer dans un pays de misère agricole. En Allemagne, pays industriel, le despote affame l'ouvrier et le bourgeois, pour remplir les poches du grand propriétaire agriculteur. En Russie, pays agricole, c'est le paysan qui est spolié au profit de la grande industrie, laquelle rend des services et prête de l'argent au despote. Tout cela est profondément contraire aux intérêts des deux peuples. Ces deux pays se suppléent tout naturellement. La Russie est le débouché de l'industrie allemande, l'Allemagne est le débouché de l'agriculture russe. Cette union logique et naturelle de deux vastes pays est entravée, par le jeu égoïste des despotes et des privilégiés. Mais cela ne saurait durer. Les peuples évoluent vers une plus grande conscience de leurs intérêts. Ils s'engagent sur la voie du progrès. Cette voie aboutira pour la Russie au républicanisme fédératif.

De cette analyse trop rapide il ressort : 1° le génie latin a réalisé en France et en Italie des républiques centralisées; 2° le génie germain, en Allemagne et en Autriche, a fait naître des despotismes décentralisés. La Suisse qui contient des deux races, a fourni au monde une synthèse des deux génies, en éliminant les penchants réactionnaires de tous les deux et en s'appropriant leurs penchants progressifs. La Suisse s'est organisée en république décentralisée ou fédérative. D'elle, comme du cœur de l'Europe, partent des ondes de fédéralisme vers l'Ouest et des ondes de républicanisme vers l'Est. Les pays de l'Ouest, dès qu'ils ressentiront le besoin de compléter leur république par la fédération, n'auront qu'à voter une loi. Ils ont le droit de suffrage universel, ils ont la souveraineté du peuple, ils pourront faire ce qu'ils voudront sans que nulle force superposée à leurs sociétés libres puisse les en empêcher. Les empires, formés par le génie germain pour compléter leur fédéralisme bien incomplet encore, doivent se débarrasser de leurs despotes. L'Autriche est engagée nettement dans la voie de ce républicanisme fédératif depuis la bataille de Sadowa et l'Allemagne, malgré les apparences contraires, ne s'est unie si fortement après Sedan que pour se décomposer sur une base plus parfaite. L'esprit individualiste si nettement marqué dans la philosophie allemande et scandinave des dernières années, si bien réalisé dans les institutions politiques des Anglais, des Américains et des Scandinaves, proches parents des Allemands, cet esprit trouvera son épanouissement dans le régime républicain et fédératif.

Le génie slave n'a su jusqu'ici qu'organiser l'empire despotique et centralisé de Russie. Mais, pour peu que l'on connaisse le caractère individualiste du Slave, son histoire, son amour, on pourrait dire outré, de la liberté, on ne peut envisager l'autocratisme russe que comme un accident, une rude école qui a corrigé dans l'individualisme ce qu'il y avait d'excessif et développé la sociabilité. Mais qu'on ne croie pas que cette rigoureuse discipline puisse jamais effacer de l'âme slave indépendante, généreuse, vaillante, mystique et sensible, ce qui la caractérise.

L'autocratie a fait son œuvre. Elle n'est plus aujourd'hui que l'exploitation honteuse des faibles par les puissants. C'est une survivance dénuée de toute raison d'être. L'esprit du peuple s'est formé, son caractère s'est relevé et ennobli, sous l'influence des doctrines du Tolstoïsme, de la chtounda (luthéranisme modifié) des Doukhobors et d'autres encore. Les idées républicaines lui viennent des grands centres indutriels; la Révolution bat son plein en Russie; elle participera en même temps et de la réforme religieuse germanique et de la révolution française; elle relèvera la personnalité du Slave du joug dogmatique de la papauté byzantine; elle aboutira à l'égalité des droits politiques entre citoyens et à la souveraineté des peuples.

Cette race tard venue à la civilisation recèle peut-être plus d'énergies latentes qu'aucune autre. Elle pourra réaliser une synthèse politique plus parfaite sous la forme d'une république fédérative.

République, fédération, telles sont les forces opposées qui dans l'avenir tiendront la société humaine en équilibre. La terre bondirait sur le soleil ou tomberait indéfiniment dans l'espace, si elle n'obéissait qu'à l'une ou à l'autre de ces forces : l'attraction ou la gravitation. C'est dans leur opposition qu'elle trouve son équilibre. De même, la société trouve sa vie normale dans le régime de république fédérative.

Mais, objectera-t-on, de ce que tous les États européens évoluent, chacun pour son compte, vers la république fédérative, est-ce la preuve que l'Europe tout entière sera elle-même une fédération? Oui, car des régimes politiques semblables sont l'expression de la vie intérieure des pays analogues; or, la vie analogue est partout solidaire. La première formule, Aristote l'avait déjà découverte, quand il disait : telle est la forme du gouvernement, telles sont les qualités du peuple. La deuxième est évidente. La guerre n'est plus aujourd'hui le métier favori des peuples civilisés. Un minimum de besoins et d'idées leur sont communs qui ne peuvent être satisfaits que par la paix et la liberté. Un peuple, de même qu'un individu, ne peut produire qu'autant que les autres consomment.

Or, si ces autres diffèrent tellement de lui qu'ils n'ont besoin d'aucun de ses produits, la vie chez lui se resserrera. Si les autres lui ressemblent par le développement économique, s'ils lui sont même supérieurs, de sorte qu'en outre de ces produits, ils consomment les produits d'autres peuples encore, sa vie deviendra plus large et plus intense. La vie pauvre engendre la vie pauvre, la vie intense crée la richesse.

La France est l'amie politique de la pauvre et despotique Russie; elle est plutôt l'ennemie des riches et libres pays anglais et américains. Or sa production de vin, de livres, de tableaux, de soie, d'objets d'art s'en va en Angleterre et en Amérique, parce que ces pays ont besoin de ces choses et ne perçoivent pas de droits sur elles. Au contraire, parce qu'elle est pauvre et parce que son gouvernement, malgré son amitié pour la France, les frappe de droits de douane exorbitants, la Russie n'achète pas les produits français. Grâce à ces riches et libres peuples de l'Ouest, la vie française s'élargit; elle se restreindrait, si elle ne puisait son aliment que dans le commerce d'un pays pauvre et esclave, si grand soit-il.

Le jour venu où le régime républicain sera établi partout, quand partout règnera le peuple-roi qui ne veut pas la guerre, qui veut travailler paisiblement et librement, alors les conflits de nations ne pourront-ils pas facilement être réglés par un tribunal de justice internationale. Autrement dit, la guerre ne pourra-t-elle pas être abolie? Telle est la seconde question. Avant de la résoudre, il faut prouver que les intérêts des pays semblables sont solidaires et les intérêts des pays dissemblables opposés. Les mots semblables et dissemblables ne se rapportent nullement à la totalité des caractères ou des capacités de ces peuples, mais seulement aux traits essentiels de leurs régimes politiques. Nous dirons qu'ils sont semblables s'ils ont ce minimum de goût du travail et de liberté, sans lequel nul peuple civilisé ne peut se développer normalement. En dehors de ce minimum, toutes les différences sont possibles, sans rompre la solidarité des intérêts, solidarité dont une certaine quantité suffit pour éviter la guerre. La guerre est-elle possible aujourd'hui entre les puissances occidentales de l'Europe, entre l'Italie, la France, l'Angleterre, les États scandinaves et les États-Unis? Entre des peuples qui se gouvernent eux-mêmes et qui vivent tous d'un travail manuel ou intellectuel, la guerre est-elle désormais possible? Non, peut-on dire, car si chaque peuple a fait preuve jusqu'ici d'assez d'intelligence et de volonté pour conquérir le pouvoir, *à fortiori* en aura-t-il assez pour comprendre qu'une guerre, même victorieuse, ne lui sera pas avantageuse si elle est dirigée contre un ennemi qui se gouverne comme lui, vit comme lui, et pratique à son égard la liberté des échanges. Entre des républiques il ne peut y avoir de guerre. Toutefois, il faut s'en tenir à l'énumération déjà faite. Le royaume de Norvège est une république et la République du Brésil, en grande partie peuplée de sauvages nomades et commandée par un général s'appuyant sur des troupes, est une autocratie, quoique son chef porte le titre de président. Au rang des républiques, il faut placer ; la France, la Suisse, l'Italie, les pays Scandinaves, l'Angleterre, les États-Unis de l'Amérique du Nord et les colonies anglaises, à l'exception des Indes et de l'Afrique du Sud. Entre ces pays, la guerre est impossible. L'entente cordiale franco-anglaise en est la meilleure preuve. En est-il de même pour les monarchies de l'Orient de l'Europe : l'Autriche, l'Allemagne et la Russie. Nous avons déjà vu ces gouvernements agir au profit des classes privilégiées contre les intérêts de leurs peuples. L'Allemagne spolie ses ouvriers pour plaire aux grands propriétaires; la Russie affame ses paysans pour protéger ses fonctionnaires et ses gros industriels. Sans scrupules, elle s'efforce d'abrutir son peuple, pour que jamais il ne lui vienne à l'idée de se gouverner par ses élus. Ici, ce ne sont plus les intérêts des peuples, vivant de leur travail, intellectuel ou manuel, qui influencent la politique étrangère; ce sont les intérêts de la dynastie, des fonctionnaires et des classes privilégiées. Tout, en somme, se rapporte à la création d'un plus grand nombre de sinécures payées avec l'argent du peuple. Les empereurs, les princes du sang, les militaires, les fonctionnaires de tout ordre, que produisent-ils? Rien. Partant ils n'ont rien à échanger. Plus il y aura de peuples soumis à leur autorité, mieux ils pourront piller sans crainte et sans contrôle. La guerre devient une nécessité. Il faut la faire parce qu'on ne peut indéfiniment augmenter les impôts et les sinécures sur un territoire limité qu'on pille. Il faut acquérir de nouveaux territoires, non pas pour la population qui augmente et qui meurt de faim ou est forcée d'émigrer en Amérique, mais pour augmenter le nombre des emplois. D'ailleurs la Russie a une très grande étendue, les deux tiers du pays sont des terres fertiles en friche qui réclameraient, sous un autre régime politique, le triple de leur population actuelle pour être seulement labourées. Elle n'a nullement besoin de colonies. Mais dans les monarchies despotiques il faut, pour se développer sans changer de régime, faire la guerre; les monarchies peuvent la faire aussi bien entre elles que contre les pays républicains, c'est pourquoi il ne sera pas possible d'abolir la guerre tant que subsisteront les monarchies despotiques de l'Europe orientale. Les alliances elles-mêmes ne sont possibles qu'entre monarchies. Une alliance entre république et monarchie ne peut pas durer pour une double raison : la monarchie s'appuyant sur une classe privilégiée ne peut adopter le régime du libre-échange, le seul avantageux à la masse des populations des deux pays alliés. La monarchie tentera des guerres plus ou moins incertaines et, dissipant ainsi les richesses de sa population au profit d'une classe, ne pourra jamais tenir ses promesses d'alliance. Il y a deux alliances de ce genre : l'alliance de l'Italie avec l'Allemagne et l'Autriche et l'alliance franco-russe. L'Italie a conclu son alliance pour acquérir des colonies, qui d'ailleurs lui sont parfaitement inutiles. Or ni l'Allemagne ni l'Autriche ne se sont émues lorsque les Abyssins battaient les troupes italiennes à Adoua. Au fond l'Allemagne songeait à se garder pour elle l'Abyssinie, elle n'était aucunement intéressée à ce que l'Italie possédât ce pays, et en outre elle craignait l'intervention des puissances républicaines, qui, elles, aimaient mieux voir l'Abyssinie libre qu'italienne. La France a conclu son alliance avec la Russie pour reconquérir l'Alsace et la Lorraine. La Russie n'a jamais songé à l'aider dans ce but, quoique les intérêts de la population agricole russe, comme nous l'avons vu, soient au plus haut degré hostiles aux intérêts de la classe privilégiée des grands agriculteurs allemands. La Russie a pris à la France douze milliards qu'elle a perdus dans des entreprises folles et malhonnêtes. Elle ne pourra les rendre, si elle persiste dans son régime politique tsariste et pour reconnaître ce service elle s'est entourée d'une muraille infranchissable de douanes pour tous les produits français. Où sont donc les avantages pour les républiques? Il faut espérer que le bon sens amènera la rupture de ces traités. Mais si l'on perd des alliés il faut en trouver d'autres. Les monarchies despotiques voyant les pays républicains en désaccord peuvent se grouper pour tourner leurs efforts contre les républiques. Ni les vies humaines ne coûtent rien aux monarques, ils n'ont qu'à ordonner, ni l'argent, ils peuvent toujours emprunter; une solution s'impose : l'alliance politique des pays républicains, l'alliance de l'Italie, de la France, de l'Angleterre et des États scandinaves. Une telle alliance peut être pacifique ou militante. Si elle est pacifique, c'est-à-dire si elle se borne à se garder contre l'agression d'une ou de toutes les monarchies despotiques, elle doit alors entretenir des marines et des armées considérables et en subir les frais, elle doit souffrir que les produits de son travail ne pénètrent pas librement dans une grande partie du monde, elle devra encore regarder impassiblement les peuples se débattre contre les monarchies. En un mot elle attendra, sans rien faire.

Qui ne voit les inconvénients économiques et moraux d'une telle attitude?

Mais l'alliance républicaine peut être aussi militante, conclue pour des cas dans lesquels la guerre est juste et nécessaire. On a vu que les trois puissances despotiques sont toutes trois travaillées par des idées républicaines et fédératives, que s'efforcent d'enrayer les gouvernements monarchiques. Il arrive toujours un moment, comme en Russie actuellement, où ces idées se manifestent par une révolte. L'alliance des républiques doit aider les révoltes et si les autres despotismes s'unissent au despotisme menacé, tant mieux, on en finira d'un seul coup. Les trois gouvernements despotiques : La Russie, l'Allemagne et l'Autriche auraient à combattre trois révoltes intérieures et toutes les puissances républicaines alliées. L'issue ne présente aucun doute dans un cas comme dans l'autre, et le but, c'est-à-dire le renversement du despotisme et l'installation du régime républicain, serait facilement atteint. Supposons l'opération réalisée avec la Russie d'abord. Les opérations ultérieures ne présenteraient pas de difficultés, l'Allemagne et l'Autriche bouleversées à l'intérieur par une révolte républicaine, ayant à lutter contre le monde civilisé, entourées d'une France et d'une Russie républicaines, modifieraient vite, bon gré, mal gré, leurs régimes despotiques. Alors pourrait être résolue justement la question de l'Alsace et de la Lorraine. On en ferait une république autonome. Les avantages moraux d'un tel coup de mort porté au despotisme sont manifestes; les avantages économiques ne sont pas moindres. Les pays républicains bénéficieraient des économies réalisées par la suppression de l'armée et de la marine et par la pratique du libre-échange. Alors seulement, quand l'œuvre de la liberté sera accomplie dans les principaux États de l'Europe, on pourra parler de paix universelle et d'arbitrage international.

Ce ne serait encore qu'une solution partielle, puisqu'elle n'englobe que les grandes puissances. Une telle solution tout de même permettrait déjà la suppression des armées permanentes, car c'est seulement dans ces pays qu'il y a de puissantes armées permanentes. Inutile de développer les immenses avantages qu'aurait pour les sociétés civilisées l'économie de plusieurs dizaines de milliards par an.

Les choses une fois poussées à ce point, le reste ne serait que jeu. Les républiques de l'Amérique du Centre et de l'Amérique du Sud, l'Espagne, le Portugal, la Grèce, la Serbie, la Bulgarie et la Roumanie représentent un groupe d'États impuissants qui ne sauraient troubler la paix universelle. Leurs populations certes, ont peu de goût pour le travail manuel et intellectuel, ils sont cependant en voie d'évoluer vers la culture européenne; leur faiblesse ne leur permettra pas de s'opposer au libre-échange des idées et des produits, ce qui hâtera leur développement. Puis, à mesure que des révoltes intérieures indiquant le besoin d'un régime républicain bouleverseront ces États, les puissances républicaines pourront favoriser leur émancipation.

L'Asie orientale, le Japon, la Chine et les Indes, forment un immense pays peuplé de 600 millions d'hommes, qui vivent du travail manuel et intellectuel. Ils semblent aimer le travail pour lui-même, sous l'influence de la doctrine pacifique et humanitaire de Bouddha. Ils sauront trouver aisément le régime qui leur conviendra le mieux. Aux Indes anglaises le mouvement visant l'autonomie du pays, augmente chaque année et trouve des alliés parmi les Anglais libéraux. La propagande de M. Cotton en est la preuve. L'Angleterre ne peut pas prétendre maintenir toujours 200 millions d'Indiens sous la domination de ses généraux, et l'affranchissement des Indes, ne sera que le dernier événement de la série de l'affranchissement des colonies anglaises, commencé par les États-Unis et continué par l'Australie. Ces peuples de l'Asie occidentale sont si profondément pacifiques, tellement hostiles à la guerre, que leur liberté ne sera pas un danger pour la paix universelle. L'essor belliqueux du peuple japonais ne contredit en rien cette affirmation, malgré les apparences contraires. Les Japonais avaient le droit d'appuyer par la force l'accomplissement des promesses russes : d'évacuer la Mandchourie en 1903, et de maintenir l'indépendance de la Corée, promesses que la Russie ne voulait pas tenir. Ils étaient en cas de guerre juste. D'ailleurs le Japon ne compte que 50 millions d'individus. A supposer même qu'une invasion de tous les peuples jaunes puisse se produire, l'Europe, unie sous la forme de république fédérative, pourrait repousser l'agression, plus facilement que chaque État européen pris à part, et pour un tel objet, le système d'une petite armée de volontaires suffirait amplement.

Les États mahométans : La Turquie, la Perse et le Maroc sont habités par des peuplades qui se font mutuellement la guerre et sont gouvernés par des despotes. Les despotes renversés, il n'est pas douteux, que ces peuples laissés à eux-mêmes, se trouveraient aussitôt de nouveaux maîtres. Dans de telles conditions, les puissances républicaines n'auront pas le choix des moyens; elles devront pratiquer l'annexion et le gouvernement militaire. Il en est de même de tous les États de l'Afrique. Il faudrait agir avec eux comme l'Angleterre avec les Indes. Au despotisme du Grand Mogol, superposé à la domination des tribus guerrières, l'Angleterre a substitué un despotisme, plus éclairé et plus pacifiste, celui-ci imposant la paix et forçant les populations à s'adonner au travail développe indirectement le régime républicain, expression politique d'une vie consciente, laborieuse et paisible. Les puissances républicaines, devront suivre cet exemple, ou mieux encore celui de la France en Algérie, dans leurs relations avec les nègres et les mahométans.

Tel est donc l'état de la question : après avoir par la guerre détruit les despotismes européens, l'Europe unie en république fédérative pourra se libérer de la lourde charge des armées permanentes. Mais pouvant redouter une invasion, peu probable d'ailleurs, des nations de l'Asie orientale et se trouvant dans la nécessité de régler les affaires des mondes mahométan et nègre, elle devra adopter le régime de l'armée anglaise actuelle, c'est-à-dire d'une armée peu nombreuse et engagée librement. Ce sera l'armée défensive ou offensive pour tous les cas de guerre justes : résister à l'invasion asiatique, imposer la paix aux peuples qui font un métier de la guerre, tels seront les cas de guerre équitables. Un homme intelligent, a le droit d'user de sa force quand sa raison lui en fait un devoir. Les peuples intelligents ont le même droit. C'est seulement par la guerre juste que le monde trouvera la paix dans la justice. Contre la force militaire des ténèbres du despotisme, doit se dresser la force militaire des lumières républicaines, les ténèbres dissipées, viendra enfin le règne de la paix universelle, de l'arbitrage international et de l'émulation pacifique dans le travail des nations civilisées.

Les immenses économies, qui seront faites par les États européens sur la suppression des armées permanentes, doivent être utilisées pour des réformes solidaristes. Ce n'est qu'alors que ces réformes pourront être pleinement réalisées.

Comme l'Europe, l'Asie orientale et l'Amérique pourront bien se fédérer aussi. Alors par la voie d'une évolution semblable à celle que nous avons décrite, de ces grandes fédérations qui comprendront chacune presque une partie du monde, pourra se former une république mondiale. Les peuples arabes de l'Asie occidentale de par leur dégénérescence, et les peuples nègres de l'Afrique centrale de par leur infériorité intellectuelle viendront se placer sans doute les derniers comme citoyens égaux dans cette liberté universelle.

En outre du budget de la guerre, presque tout le budget de la justice devrait être aussi utilisé pour des réformes solidaristes. C'est une chose connue, que la peine de la prison n'a corrigé personne. Au contraire les prisons sont les « universités du crime », comme on les a appelées justement. La misère, le désir d'être nourri gratuitement en prison, est la cause de l'immense majorité des crimes. Le droit à l'existence minimum tarira cette source du crime. La prison ne corrige pas non plus les autres criminels, les moins nombreux d'ailleurs, ceux qui commettent le crime pour des motifs autres que ceux dont nous venons de parler. Il faut donc fermer les prisons. S'il reste des criminels dangereux pour la société — car le danger social c'est l'unique motif raisonnable de punir — s'il en reste il les faudra envoyer dans quelques îles désertes, leur ôter toute possibilité de s'évader, les munir d'outils pour l'agriculture et les laisser en paix ; qu'ils travaillent ensemble ou qu'ils meurent de faim, la société n'a plus à se préoccuper d'eux. En attendant, il faudrait appliquer dans une mesure très large la loi Bérenger, c'est-à-dire la punition conditionnelle, la punition qui ne frappe réellement que quand le crime est commis pour une seconde fois.

Cette conception de la loi pénale est en même temps la plus juste et la moins coûteuse. Donc suppression des armées permanentes et fermeture des prisons, voilà ce qui donnera la possibilité d'utiliser de grandes sommes pour les réformes solidaristes.

En autres termes, on peut résumer l'idée de ce chapitre de la manière suivante.

Les États sont monarchies ou républiques. Telle est la division essentielle qui prime toutes les autres. Dans les monarchies la volonté du souverain fait loi ; en république c'est la volonté du peuple. Si le monarque n'entrave pas cette souveraineté du peuple, l'État est une république, en dépit du titre de son premier citoyen. En Europe donc, ce n'est pas seulement la France et la Suisse, c'est aussi l'Italie, l'Angleterre, la Norvège, et jusqu'à un certain point la Suède, le Danemark, la Hollande et la Belgique qui sont des républiques. Par contre, la Russie, l'Allemagne et l'Autriche sont des monarchies, puisque dans ces pays la volonté du monarque fait loi. L'Europe se divise en deux grands groupes d'États : 1° le groupe républicain occidental et 2° le groupe monarchique oriental.

Malgré toutes les apparences contradictoires, il est facile de dégager un élément de solidarité profonde qui unit aussi bien les républiques entre elles que les monarchies entre elles.

Pour les républiques, l'élément solidaire consiste dans un désir commun d'une vie paisible et laborieuse. Les peuples qui sont parvenus à se gouverner par eux-mêmes, n'éprouvent pas le besoin de faire la guerre et surtout ils n'ont aucun intérêt à la faire aux peuples parvenus au même degré de développement. Supposons une guerre entre l'Angleterre et la France. Supposons aussi que la France soit victorieuse. Qu'arriverait-il ? La France étant république, devrait accorder aux Anglais conquis les droits de l'homme et du citoyen, c'est-à-dire presque les mêmes droits que l'Anglais possède déjà. Donc sur ce point l'Anglais ne perdrait rien. Mais les deux pays, par suite de la guerre, deviendraient plus pauvres. L'Angleterre qui consomme actuellement pour plus d'un milliard de produits français, consommerait moins, étant une colonie française. Donc la guerre avec l'Angleterre ne donnerait à la France aucun profit politique, mais elle donnerait une perte économique. Elle serait absurde. On peut refaire la même supposition pour deux autres républiques et on trouvera toujours qu'une guerre entre républiques est impossible, parce que les vainqueurs devront accorder aux vaincus la liberté et parce qu'ils éprouveront une perte matérielle.

Le lien solidaire qui unit les monarchies entre elles est aussi fort, mais il est de toute autre nature. La monarchie se base sur les intérêts non pas du peuple tout entier, mais de certaines classes privilégiées, à savoir des militaires et des fonctionnaires, qui ne sont pas responsables devant le peuple, mais devant le monarque. Puisque le monarque est un seul homme qui ne peut pas tout savoir, les militaires et les fonctionnaires s'érigent dans une monarchie en caste régnante et influent sur la politique de la monarchie. Cette politique, quand à l'intérieur, ne peut consister que dans l'assujettissement d'autres couches de la société, quand à l'extérieur elle doit tendre à se déployer, c'est-à-dire à conquérir de nouveaux pays, civilisés ou non, peuplés ou déserts, afin de procurer la gloire, le sentiment d'utilité sociale et l'argent aux militaires, et surtout afin de procurer des places aux fonctionnaires. Pour ces raisons, la monarchie, pour se maintenir comme telle, sans changer de régime à l'intérieur, doit faire la guerre, et elle la fera aussi bien à d'autres monarchies qu'à des républiques. Le besoin de la guerre, voilà le lien solidaire qui unit les monarchies.

Cette structure sociale des monarchies provoque nécessairement deux conséquences : à l'intérieur elle fait naître le mécontentement des classes asservies, à l'extérieur elle force les autres pays, même ceux qui sont las de guerre, à se tenir sur leurs gardes et à s'armer.

Il se fait ainsi que dans les pays républicains, à côté d'un désir profond de désarmer et de consacrer les milliards engouffrés par les budgets de guerre aux réformes sociales, à côté de ce désir subsiste un besoin, non moins impérieux, de rester sous les armes pour sauvegarder l'indépendance et les libertés acquises, qui sont toujours menacées par les monarchies voisines. D'autre part, dans les monarchies il y a un besoin impérieux pour les classes régnantes de tenter la guerre, qui est leur principale raison d'être et à côté de cela il y a un besoin, non moins impérieux, des classes asservies de conquérir la souveraineté du peuple (1).

Mais il est facile de voir que cette situation crée un nouveau lien de solidarité ; à savoir entre pays républicains et entre classes asservies des pays monarchiques. Ce nouveau lien est parfaitement réciproque, c'est-à-dire profitable pour les deux parties. Les classes asservies gagneront en conquérant la souveraineté du peuple. Les pays républicains gagneront en se débarrassant des monarchies voisines qui les forcent à rester sous les armes.

Or une conclusion s'impose, qui se résume en trois points :

1° Les pays républicains ne peuvent s'allier qu'entre eux. Toute alliance entre république et monarchie n'est pas viable.

2° L'alliance des pays républicains, pour satisfaire le besoin de désar-

(1) Quand on me dit que l'armée est faite pour protéger les capitalistes contre les ouvriers, je demande toujours : pourquoi se fait-il alors qu'en Angleterre et aux États-Unis il n'y a pas d'armée permanente. Et ce sont pourtant les pays les plus capitalistes de l'univers.

mement et de réformes sociales de ses peuples, doit aider aux classes asservies des pays monarchiques pour accélérer la transformation des monarchies en républiques.

3° Les monarchies; en présence du double danger intérieur et extérieur qui les menacent, sont forcées de s'unir et de s'entr'aider.

Prenons maintenant quelques exemples historiques pour colorer ces idées et pour faire ressortir plus vivement la conclusion finale à laquelle on devra aboutir.

En France, avant 1870, il y avait bien un courant révolutionnaire intérieur, mais c'est le choc extérieur, la guerre, qui a finalement introduit le régime républicain. En Russie, l'affranchissement du paysan, si imparfait et si anodin qu'il fût, est cependant redevable aux conséquences économiques de la campagne de Crimée. L'Autriche doit le peu de liberté qu'elle possède à sa défaite de Sadowa. Et la révolution en Russie n'aurait pas lieu, actuellement, sans la guerre japonaise. C'est toujours la même chose, toujours le choc extérieur, la guerre qui brise la monarchie et qui fortifie le progrès intérieur.

Le même processus est à refaire maintenant et avant qu'il ne soit refait, il est impossible aux pays républicains de désarmer et de se lancer dans la voie des larges réformes sociales. La monarchie russe serait brisée par la révolution intérieure, renforcée par une guerre désastreuse. Mais la monarchie prussienne, par esprit de solidarité et aussi par intérêt, viendra en aide à la monarchie russe. Ce secours sera-t-il avoué ou non, officiel ou caché, peu importe : il est et il sera toujours réel et efficace.

Quelle devrait donc être l'attitude à prendre pour les pays républicains? Il n'y en a qu'une seule. Ils devraient s'allier, déclarer la guerre aux monarchies, et prévenir les classes asservies des pays monarchiques que ce n'est pas contre, mais pour elles qu'on veut se battre. Nous arrivons donc à cette conclusion que, pour finir avec la guerre, une fois pour toutes, il faut faire encore une guerre. Cette conclusion paraît paradoxale, mais toutes les vérités sociologiques ne paraissent-elles pas au premier abord paradoxales?

Quoi qu'il en soit, cette guerre qui ferait ressortir la solidarité profonde qui unit les peuples libres et ceux qui luttent pour la liberté, cette guerre, dis-je, serait la plus courte, la plus éclatante et la dernière des grandes guerres. Le triomphe de la liberté, étant données la force des alliés républicains et la vivacité de l'esprit révolutionnaire des classes assujetties dans les monarchies, ne présente aucun doute.

VI

L'individualité absolue.

Je tiens à dissiper deux malentendus. Quand je dis que la révolution sociale est inutile, j'entends inutile dans un état démocratique. La révolution russe n'est pas une révolution inutile. Le prolétariat russe lutte pour obtenir un régime démocratique après l'avoir obtenu il désirera des réformes solidaristes. La révolution russe est donc une révolution démocratique et on ne peut pas lui appliquer les objections posées plus haut. Au contraire le but social immédiat de la révolution russe, c'est la solidarité et la démocratie, son but politique c'est le républicanisme fédératif. Je crois que ces buts de la révolution russe forment une étape de la civilisation qui ne peut être éludée et qui suffira à l'humanité pendant des siècles encore. La question de savoir si l'idéal total du prolétariat russe est juste ou non n'est pas importante: car l'effort héroïque avec lequel le prolétariat russe vise ses buts immédiats est un effort salutaire non seulement pour lui-même, non seulement pour la société russe, mais aussi pour toute l'humanité. Voici une vérité qui doit être approuvée de tous.

Ensuite je ne voudrais nullement faire croire que mes sympathies sont du coté du régime capitaliste actuel. Il n'y a rien de plus néfaste que le rôle de l'argent sous ce régime. Au point de vue de la justice l'argent n'est qu'un équivalent du travail personnel. L'argent hérité, l'argent reçu sans travail est un privilège qui n'est pas fondé sur le mérite personnel. Ce privilège doit être aboli et peut être aboli. Si je ne partage pas l'idée de la socialisation des moyens de production, ce n'est nullement par amour pour le capitalisme, mais parce que, 1° je ne vois pas que l'évolution tende vers ce but 2° même si nous nous imaginons qu'elle puisse l'atteindre, je vois surgir alors un nouveau privilège peut-être plus menaçant que tous les autres, à savoir le privilège de la majorité qui pourra disposer librement des heures et du genre de travail de la minorité. Si la société prend à sa charge le règlement de la production, si elle veut aussi pourvoir aux besoins, elle ne peut pas garantir la liberté du travail. Le régime collectiviste sera le régime du travail imposé. Les réformes solidaristes conduisent vers l'idéal par un chemin plus court bien qu'elles aient des apparences moins radicales.

Vers quel idéal conduisent-elles? Quel est le dernier but de l'évolution?

Nous savons que toute l'histoire n'est qu'un grand enchaînement d'émancipations successives. L'action coercitive du milieu sur l'individu diminue de plus en plus. Au sommet de cette marche ascendante on ne peut entrevoir qu'une émancipation absolue, qu'une indépendance complète de l'individu, qu'un manque total de coercition. Nous sommes plus près de ce but dans la solidarité, que dans le socialisme.

Il nous faut donc mesurer l'espace entre le solidarisme et le capitalisme d'une part, et l'espace entre le solidarisme et le régime idéal d'autre part. Nous restons aussi inquiets devant la question : pourquoi la société ne va-t-elle pas tout droit vers son but extrême, pourquoi doit-elle passer par un régime solidariste qui aura lui aussi ses fautes et ses dangers.

Le but essentiel de la solidarité, c'est de modifier le capitalisme jusqu'à ce que le terrain, pour un nouveau régime social, soit parfaitement déblayé. L'évolution antérieure nous démontre la direction dans laquelle doivent se faire ces modifications : c'est l'élargissement non seulement des droits politiques, mais aussi des droits économiques de l'individu. Le côté politique de la question est résolu par le républicanisme fédératif. Le côté économique est plus compliqué. Ici l'élargissement des droits de l'individu signifie une hausse de la valeur du travail individuel et l'abolition des privilèges du capital. Ce procès commence déjà dans le régime actuel. Plus il y a de capitaux dans un pays, plus l'intérêt baisse, en même temps le prix du travail augmente. En Pologne le capital donnait 8 à 12 pour cent d'intérêt, l'ouvrier gagnait 75 cop. (1 fr. 30) par jour. En France le capital donne de 4 à 6 o/o d'intérêt, l'ouvrier gagne à peu près 5 francs par jour. La loi de l'offre et de la demande nous explique ce phénomène. Le capital est à bon marché dans un pays où l'offre des capitaux est plus grande que la demande; alors le capital s'expatrie, mais après un certain temps son prix baisse même dans le pays,ou il s'est expatrié, car il attirait là d'autres capitaux par l'espoir de gains supérieurs. Si le nombre des capitaux cessait d'augmenter à un moment donné, la valeur de l'argent ne baisserait plus, mais après un certain temps, elle reviendrait toujours à un même niveau, égal à la valeur antérieure. Mais la somme des capitaux augmente toujours, donc chaque abaissement de la valeur de l'argent devient définitif, à moins que des guerres, des famines ou des droits de douane n'augmentent la valeur de l'argent d'une façon passagère et artificielle. La libre concurrence règle la valeur du capital, elle l'abaisse donc, à mesure que le capital augmente. Mais la libre concurrence ne règle pas la valeur du travail, du moins elle ne la règle pas entièrement. Quand un grand encombrement de capitaux provoque une activité intense, quand on construit des maisons, des usines etc, la demande du travail augmente, par conséquent le coût de la main d'œuvre augmente aussi. Cela provoque un afflux des ouvriers des autres pays, où la main d'œuvre est à meilleur marché. Si la libre concurrence agissait seule, le coût du travail après quelques hésitations atteindrait de nouveau la moyenne antérieure, le coût du travail ne hausserait pas car, en outre de l'augmentation des capitaux, existe aussi l'augmentation naturelle de la population et de ses besoins. Mais la libre concurrence n'agit pas seule, il y a ici deux facteurs, premièrement : l'afflux des ouvriers ne se produit pas si vite et si facilement que l'afflux des capitaux. Il est plus difficile d'envoyer un ouvrier d'un pays dans un autre, que d'envoyer de l'argent. Secondement, avant que l'ouvrier étranger, celui qui doit abaisser le coût du travail ait eu le temps de venir, l'ouvrier indigène a utilisé son temps; il s'est organisé pour défendre l'augmentation de salaire qu'il a obtenue et aussi en vue d'attirer l'ouvrier étranger dans son syndicat et de l'empêcher de transiger directement avec le patron. Quand l'ouvrier étranger est une fois membre de l'union ouvrière indigène, il devient solidaire avec elle, car autrement il agirait contre son propre intérêt. On ne peut pas non plus craindre le renvoi en masse de toute la main d'œuvre indigène plus coûteuse pour la remplacer par une main d'œuvre étrangère moins coûteuse, la bourgeoisie d'aucun pays n'oserait le faire, premièrement elle craindrait une révolution et secondement il n'y a pas de parlement qui voterait une pareille loi. En somme : chaque abaissement de l'intérêt est définitif et chaque augmentation du salaire [illegible]initive aussi car la valeur du capital n'est réglée que par la libre [illegible]rence et la valeur du travail est réglée non seulement par la libre con[illegible]ence, mais encore par la conscience professionnelle. Dans le régime solidariste, la valeur du travail sera réglée par la conscience professionnelle et aussi par la conscience de toute la société qui garantira à chacun l'indispensable, c'est-à-dire ce que l'hygiène et la pédagogie déclareront indispensable. Les lois naturelles de l'économie politique seront soumises aux lois plus conscientes de l'hygiène et de la pédagogie. Et le capitalisme croit atteindre le sommet de toute évolution justement grâce au jeu libre de ces lois naturelles, il ne veut pas les soumettre à d'autres lois plus conscientes. Voilà la différence énorme du capitalisme et du solidarisme.

La science c'est la conscience nationale. Mais pour que la science soit maîtresse de la vie il faut qu'elle soit aussi bien que l'intelligence générale très développée. La confiance dans la science doit se transformer en confiance dans les hommes de science. La solidarité prépare le terrain sous ce rapport. Déjà aujourd'hui, si vous êtes malade, vous allez chez un médecin, vous suivez ses conseils et vous ne dites pas que vous êtes une victime de la coercition. Si vous êtes un homme intelligent vous retrouvez chez le médecin vos propres idées sur la médecine; seulement elles sont plus larges et plus approfondies chez le médecin. La vie sociale n'est séparée de la vie physique que par les étapes de l'évolution, c'est toujours la même vie, de plus en plus compliquée. Le médecin guérit les maladies de la vie physique, le sociologue est fait pour guérir les maladies de la vie sociale. Tous les deux procèdent par la même méthode scientifique : observation, expérience, analyse et synthèse. A cause de l'extrême complication des problèmes sociaux, les sciences sociales ne sont pas encore prêtes à résoudre toutes les questions qu'on leur pose. Les sciences sociales ne se sentent pas encore absolument délivrées des influences de races, de classes et de partis; elles ne peuvent pas encore embrasser le tout d'une hauteur, de laquelle on peut tout voir. Malgré ces imperfections, les sciences sociales nous ont démontré en quoi consiste le minimum du bien-être et le minimum de l'intelligence et elles ont prouvé que ce manque de minimum constitue un danger public. Il faut espérer que les sciences sociales se développeront et pourront résoudre tous les grands problèmes sociaux. Nietzche prédisait toujours l'avènement de souveraineté de la science. Il n'y a point de doute qu'une époque éprise de la science va se créer une élite, une aristocratie, mais ce sera vraiment le « gouvernement des meilleurs » c'est-à-dire des plus intelligents et des plus nobles caractères. Il est naturel que seulement une société très développée permettra à des gens de cette sorte de la diriger.

Selon les anarchistes, le but extrême de l'évolution c'est l'affranchissement complet de l'individu de toute coercition. C'est absolument juste. Elisée Reclus dit : « La grande évolution intellectuelle qui émancipe les esprits a pour conséquence logique l'émancipation en fait des individus dans tous leurs rapports avec les autres individus. » Jean Grave exprime la même pensée d'une façon plus précise encore : « L'État social, dit-il, est pour l'homme un instrument pour s'affranchir des obstacles naturels, un moyen d'agrandir le champ de son activité, de développer son autonomie, de fortement augmenter ses forces pour surmonter les obstacles, tout en réduisant à sa plus minime quantité la somme de temps nécessaire à la production des objets de première utilité et transformer le travail en un plaisir au lieu d'être une fatigue comme il l'est actuellement. » Jean Grave a parfaitement raison quand il dit qu'un tel but est conforme à chaque individu normal car « tout individu, non contaminé par l'avachissement que donne l'éducation bourgeoise, a pour caractère de ne pas vouloir être dominé, ni commandé, d'aimer à faire les choses librement ».

Je n'ai pas de peine à affirmer que je partage absolument ces idées sur le but de la société et sur le rôle de l'individu dans la société ; mais je ne partage nullement les idées des anarchistes sur les moyens par lesquels ils veulent atteindre l'idéal. « C'est chimère d'attendre que l'anarchie, idéal humain, puisse sortir de la République, forme gouvernementale, » s'écrie Elisée Reclus. Or, non, ce n'est pas chimère; tout notre ouvrage prouve que c'est là une vérité, non une chimère. La majorité gouverne en république, disent les anarchistes, et donc tout progrès « ne sera toujours que l'œuvre d'une minorité consciente qui entraînera la masse derrière elle, par son exemple et sa conviction ». « La très grande majorité des hommes se compose d'individus qui se laissent vivre sans effort, comme vit une plante. Il faut une élite. » C'est très vrai tout cela, mais rappelons-nous que la majorité qui gouverne dans une république laisse à la guise de l'individu une foule d'affaires qui sont les plus essentielles pour l'homme. Aucune majorité n'ose s'immiscer dans les affaires, la majorité n'a rien à voir dans les questions de la liberté de la parole, de la presse, des associations etc., etc. La minorité d'élite peut agir sur la foule et l'entraîner. C'est parfaitement possible en république. Le fédéralisme facilite encore plus la tâche de l'élite. Je comprends aussi le désir qu'une minorité d'élite puisse décider à la place de la majorité. Mais il ne s'agit pas de créer un nouveau régime avec les mêmes caractères qu'avait l'ancien. Il faut que chaque individu soit développé personnellement, il faut que chacun ait son idée sur les affaires qui doivent être réglées en commun. Même Elisée Reclus permet à l'homme de faire ce qu'il veut, « à condition d'estimer les autres et de coordonner d'une façon naturelle sa volonté avec la volonté des autres dans toutes les œuvres collectives ». Puisqu'il y a des œuvres collectives, il doit y avoir quelqu'un pour les diriger. En fait chaque œuvre collective est dirigée par une personne ou par une minorité d'élite. On peut constater ce fait, mais on ne peut par l'ériger en loi ; et cela pour deux raisons.

1° L'homme se développe ; l'incapable d'aujourd'hui peut se transformer en capable de demain.

2° La masse collabore avec l'élite, en exécutant ses ordres ; la masse doit donc comprendre la pensée de l'élite, elle doit l'approuver, et seulement en ce cas elle exécutera cette pensée sans contrainte.

Puisque la masse se composera d'individus intelligents, la minorité dirigeante devra rendre compte de son activité avec clarté et précision. Les deux côtés profitent de cela. La minorité dirigeante ne conduit pas la masse si facilement, mais :

1° En lui exposant ses idées, elle développe l'intelligence de la masse.

2° Comme la minorité doit bien peser ses intentions et bien réfléchir, elle se développe elle-même.

Les deux parties apprennent à exercer sur elles-mêmes une coercition. Cette « autocoercition » est faite pour éliminer progressivement la coercition extérieure ; elle n'est pas un servilisme ou un automatisme héréditaire, mais elle provoque une aversion consciente, raisonnée, pour tous les actes non civilisés. Reclus dit que chaque révolution doit être précédée d'une évolution, comme la naissance (époque révolutionnaire) est précédée de la grossesse (époque évolutionnaire.) A mesure que la civilisation se développe, les moments révolutionnaires deviennent de moins en moins douloureux ; et finalement ne consistent plus que dans l'exécution d'une idée consciente. L'idée consciente doit être libre, l'action librement exécutée pour être vraiment libre doit être consciente, elle doit être raisonnable, elle doit avoir un but. Si nous sommes convenus d'appeler « révolutionnaire » une telle façon de penser et d'agir, il n'y a pas de différence dans nos idées; nous sommes d'accord avec les révolutionnaires les plus farouches. La révolte permanente de l'esprit contre la façon banale de penser, cette façon si familière à la majorité somnolente, un état d'esprit constamment critique par rapport à soi-même et à son milieu, le désir d'une vie individuelle, le désir d'entraîner le milieu après soi dans les affaires qu'il faut accomplir ensemble avec ce milieu, voilà, sans aucun doute, les conditions indispensables du progrès; l'avenir ne pourra les supprimer car le véhicule d'un avenir meilleur c'est toujours une vie individuelle large, débordante, qui dépasse les mouvements maladroits de la masse inerte.

L'idéal anarchiste n'est pas donc absolument faux, mais il doit être reculé dans un avenir lointain; il doit être aussi modifié. La coercition extérieure doit être abolie, oui, mais il ne faut pas abolir la coercition intérieure, celle que l'homme exerce sur lui-même. Les anarchistes pensent qu'il est possible de délivrer dès maintenant, ou tout au moins dans un avenir très prochain, l'individu de toute coercition. Une telle tendance prouve que les anarchistes sont privés de l'esprit historique et qu'ils sont incapables de voir la réalité telle qu'elle est. Malgré cela cet idéal est une prévision juste mais un peu confuse de l'avenir, il ne compte pas suffisamment avec l'élément d'autocoercition, élément indispensable à tout progrès. Pour ces raisons nous ne donnerons pas le nom d'anarchie au régime qui sortira du solidarisme. Nous l'appellerons plutôt individualisme absolu car l'élargissement des droits et de la vie elle-même de l'individu en sera le pivot. Pour que la vie de l'individu s'élargisse, l'autocoercition est indispensable, elle aide à surmonter tous les obstacles, à combattre sa propre paresse, les vices d'autrui, les difficultés techniques, afin de créer ce qu'on pourrait appeler la fleur de la vie de l'individu. Le but de la vie de l'homme consiste, premièrement dans la connaissance de ses capacités essentielles civilisées, en second lieu dans le développement de ces capacités et enfin dans une création de quelque chose de meilleur que nous pouvons créer. Plus l'homme s'approche d'une telle vie, plus grande est sa satisfaction morale et plus profonde sa raison d'être. Déjà Fourrier a compris ces choses-là, quand il disait que le travail attrayant peut seul relever l'individu et rendre au travail cette dignité que la coercition et l'automatisme lui ont enlevée.

Nietzsche pensait la même chose, « L'homme vit pour son œuvre », c'est lui qui l'a dit. Pour créer son œuvre l'homme doit s'efforcer d'atteindre sa complète connaissance, de découvrir son « moi » le plus profond et le plus civilisé ; il doit savoir se maîtriser, pour que cette maîtrise se transforme enfin dans une liberté suprême, dans une indépendance absolue de l'individu par rapport au monde extérieur et dans un gouvernement absolu de l'individu sur lui-même. A mesure que l'homme se développe, il accepte avec plus de plaisir tous les éléments qui contribuent à son développement intérieur. La science est de ces éléments. Pour cela le culte de la science et la confiance dans les gens de science ne se trouvent pas en conflit avec l'individualisme absolu, mais au contraire, il est intimement lié avec lui. La science maîtresse est en même temps la mère et la fille de l'individualité absolue. Le but immédiat du solidarisme ne consiste que dans des modifications du régime capitaliste, il n'a pas donc la possibilité d'éveiller dans chacun son individualité et de créer des conditions dans lesquelles chacun pourrait vivre d'une vie pleine. Le solidarisme ne lutte que pour assurer à chacun des conditions minimum; la création des conditions maximum sera la tâche de l'époque prochaine. Voilà la frontière qui sépare le solidarisme de l'individualisme absolu.

Nous avons laissé jusqu'ici sans réponse la question : pourquoi crée-t-on un solidarisme, pourquoi ne va-t-on pas tout droit du capitalisme à l'individualisme absolu? Malheureusement cette marche rapide est impossible et cela pour bien des causes. Il ne faut pas oublier que l'évolution ne peut omettre une étape quelconque, mais elle doit passer par toutes, pour atteindre une étape plus supérieure encore. C'est vrai aussi bien pour l'évolution sociale que pour l'évolution de l'individu. Pour que l'individu puisse être délivré de toute coercition extérieure, il doit savoir se maîtriser lui-même, il doit si bien transformer ses instincts intérieurs, instincts agressifs par rapport à autrui, en instincts supérieurs, agressifs seulement par rapport à la nature, ce processus de transformation psychique de l'individu doit acquérir un tel degré d'intensité, que toute coercition extérieure perd par cela sa raison d'être. Malheureusement parmi les gens de caractère moyen cette transformation intérieure s'accomplit sous l'influence de la coercition extérieure. Mais le rôle pédagogique de la coercition extérieure s'efface de plus en plus et la tâche du pédagogue consiste de plus en plus à éveiller l'individualité civilisée. Pour cela nous avons le droit d'espérer qu'au sommet de ce processus éducatif on trouvera l'abolition complète de toute coercition extérieure, au moins par rapport aux hommes adultes. Mais cette coercition ne peut être abolie tant que tous les individus qui composent la société n'auront pas reçu une éducation individualiste et tant que cette éducation ne deviendra en quelque sorte une partie intégrale de la mentalité individuelle. L'individu délivré de toute coercition extérieure doit avoir dans sa vie personnelle et dans son hérédité toute une série d'influences éthiques et pédagogiques, pour atteindre ce but, il lui faut consacrer quelques siècles de travail suivi et raisonné.

En outre, doivent naître dans la société des conditions qui rendront possible l'existence individuelle de l'homme. Nous avons vu déjà que cette existence individuelle consiste dans ce fait que l'homme s'adonne librement à son travail personnel et préféré, nous savons aussi, qu'un tel travail n'est possible, qu'à condition que le créateur puisse lui-même faire la totalité de son œuvre, et à condition aussi que les autres hommes individualistes comme lui, n'aient besoin que d'objets provenant d'un travail personnel. La loi de la solidarité agit ici comme partout. La vie individualiste d'un individu alimente une vie également individualiste chez d'autres individus. Quand je suis moi-même créateur sous un rapport quelconque, je connais la valeur et je ressens le besoin du travail créateur d'autrui. Il n'y a pas de frontière entre le travail de l'artisan et celui de de l'artiste, entre le travail intellectuel en général et celui de l'homme de science il n'y a pas non plus de frontières il n'y a que des degrés différents d'une même chose. Il s'agit d'obtenir que les degrés inférieurs de cette chose unique qui est le travail humain acquièrent les qualités des degrés supérieurs. L'homme qui vit d'une manière individualiste doit utiliser les produits d'autres hommes qui vivent également d'une vie individualiste c'est pour cette raison qu'en se développant lui-même, il développe les autres. L'époque que nous traversons est presque une négation absolue de ce tableau de l'avenir. C'est seulement certaines œuvres d'art et de science qui portent le cachet personnel de leur créateur, la grande masse des produits indispensables est banale et faite par la machine. La banalité des goûts est un phénomène corrélatif du machinisme de la production. L'homme qui fait une petite fraction d'un produit est incapable le plus souvent de comprendre la totalité du même produit ; n'étant pas créateur dans son propre domaine, il ne peut apprécier la personnalité dans le travail d'autrui, il achète ce qu'on peut acheter à meilleur marché, c'est-à-dire ce qu'on produit à l'aide de la machine et en grandes quantités, par conséquent il achète les choses les plus banales. La concentration et la division du travail, aidée par la machine à vapeur, a rendu le travail si facile qu'on a relégué au second rang la qualité du travail. L'effort que nécessite la production, les résultats obtenus se sont effacés devant le désir impérieux de la vitesse et du bon marché. Nous n'avons pas à nous préoccuper ici des causes de ce phénomène. Pourtant il faut convenir que la concentration, la division, la vitesse et la facilité du travail ont contribué au progrès de l'humanité, on ne peut ni effacer le machinisme de l'évolution, ni l'oublier dans l'avenir. Malgré cela le machinisme, tel qui s'est constitué aujourd'hui, se trouve en conflit avec l'existence individuelle de l'homme, avec cette existence qui seule, peut élever la dignité de l'homme en élevant la dignité du travail. Nous sommes en présence d'une antinomie très grave ; la transformation de solidarisme en individualisme absolu, consistera justement dans la solution de cette antinomie. Les réformes politiques, éthiques, sociales et pédagogiques sont indispensables pour cette solution, mais elles ne sont pas suffisantes. Comment l'artiste forgeron qui voudrait consacrer ses efforts pour créer une serrure, œuvre d'art, qui couronnerait sa vie pourrait-il vivre pendant qu'il créerait son œuvre d'art ou ferait dans l'usine plusieurs milliards de serrures ; sans doute elles seraient moins artistiques, mais aussi commodes et coûteraient beaucoup moins cher. La serrure de notre forgeron, malgré sa valeur artistique, serait plutôt un jouet qu'une chose utile.

Donc il faut une immense réforme technique pour faciliter ce genre de travail. Il faut qu'il se produise une synthèse technique du machinisme et de l'individualisme qui n'éliminerait pas le machinisme, au contraire, qui l'utiliserait et qui, malgré cela subordonnerait la machine au travail individuel. La machine doit devenir ce qu'elle était autrefois : elle doit être l'esclave de l'homme, un outil, à l'aide duquel l'homme atteint son but et son désir. Aujourd'hui l'homme est devenu l'esclave de la machine. Nous avons déchaîné une force qui a fini par nous maîtriser. Nous devons nous rendre maîtres d'elle à notre tour. Si nous ne savons pas le faire, nous resterons esclaves, la machine peut appartenir aux capitalistes, aux actionnaires, à l'État ou à la commune, et rien ne sera changé avant que le côté technique du travail ne soit changé, car c'est de la technique du travail, que dépend la liberté du travail et de la liberté du travail dépend la liberté de l'homme en général.

Il faut aussi analyser séparément les deux grandes branches du travail humain : l'agriculture et l'industrie.

Nous avons vu que l'agriculture est entrée déjà dans l'étape de la petite propriété individuelle, que cette petite propriété a une tendance à se développer au préjudice de la grande propriété, enfin que parallèlement au développement des villes et de l'industrie, l'agriculture se transforme en culture des arbres fruitiers et des légumes; celle-ci encourage le morcellement des terres grâce à un labourage plus intensif. Les petits producteurs agricoles, unis pour l'achat en gros de certaines machines agricoles et pour la vente en gros de leur produits, atteignent les bénéfices de la grande entreprise agricole, mais ils ne présentent pas le côté faible de celle-là, à savoir les grands frais d'administration et le manque de surveillance personnelle.

La machine à vapeur grâce à son caractère centralisateur, aux grands frais qu'elle exige, à l'automatisme de son activité n'a joué qu'un rôle tout à fait insignifiant dans l'agriculture. La charrue à vapeur n'a provoqué aucun changement. Au contraire les inventions d'ordre chimique et biologique ont révolutionné l'agriculture, en changeant l'humus pour chaque plante selon ses besoins et en créant des conditions conformes à la vie des animaux. Si on suppose un degré égal d'intelligence chez tous les deux, le petit propriétaire peut beaucoup plus facilement appliquer ces inventions que le grand. Aucune force mécanique n'a remplacé jusqu'ici l'adresse de la main humaine et la force vive de l'animal. Les outils agricoles sont restés jusqu'ici outils et ne sont pas transformés en machines, dans le sens propre de ce mot. L'agriculture ne saura jamais utiliser la machine à vapeur, qui ne se conforme pas aux besoins de la vie, mais qui au contraire a une tendance à subordonner la vie à elle-même. L'agriculture a besoin d'une force qu'on peut : 1° transporter facilement d'une place dans une autre; 2° qui n'est pas permanente, c'est-à-dire qu'on peut utiliser dans des laps de temps voulus, selon la saison, le temps, etc.; 3° qui est générale, c'est-à-dire qu'on peut appliquer à des travaux différents, car l'activité du petit agriculteur n'est pas du tout automatique, mais elle doit être conforme aux besoins des plantes et des animaux. La vapeur ne répond pas à toutes ces exigences, mais comme nous l'avons vu dans le chapitre II, l'électricité peut y répondre. Naturellement le petit producteur ne pourra pas produire lui-même l'électricité. L'usine électrique centrale doit appartenir à la commune, la province ou l'Etat; mais le petit producteur agricole peut s'abonner à l'électricité, transmise au loin, comme on s'abonne dans les villes au gaz ou au téléphone. Un régime économique pareil serait pour l'agriculture justement une synthèse de l'esprit collectif et de l'esprit individuel. L'esprit collectif créerait une grande usine commune; l'esprit individuel s'exprimerait dans l'application du moteur chez soi, dans son champ, pour ses plantes et ses animaux. Nous retrouvons déjà aujourd'hui l'esprit collectif dans l'agriculture; il s'exprime par des unions pour l'achat et la vente, mais c'est une activité collective, subordonnée à l'activité personnelle.

Dans l'industrie, l'application de l électricité pourra sans doute provoquer une véritable révolution. L'âme de l'industrie c'est aujourd'hui la machine à vapeur avec toutes ses conséquences que nous connaissons déjà. Des phénomènes, comme la houille blanche, sont des exceptions aujourd'hui, bien qu'ils autorisent à des hypothèses très vastes. Dans le chapitre II nous avons déjà dit que la grande industrie centralisée, basée sur la machine à vapeur et sur le salariat, peut se transformer en une production autonome à domicile avec le concours du moteur électrique. Nous avons aussi tracé les limites de l'indépendance du producteur, limites pareilles à celles que nous avons fixées pour l'agriculture. L'élément commun s'exprimera dans des usines communes qui produiront la force, l'élément individuel s'exprimera dans l'application voulue de cette force chez soi. Il paraît que l'électricité offrira dans l'industrie comme dans l'agriculture justement cette synthèse de l'esprit collectif et de l'esprit individuel; mais dans cette synthèse l'individu sera le but, auquel la collectivité ne sera qu'un moyen subordonné.

De cette façon nous avons soumis à une dernière analyse le schéma de l'évolution : 1° absolutisme; 2° libéralisme; 3° socialisme et 4° anarchisme; et nous avons le droit de le changer en schéma suivant : 1° absolutisme; 2° libéralisme; 3° solidarisme et 4° individualisme absolu.

On nous posera peut-être l'objection que nous employons mal l'adjectif « absolu » car nous ne nions pas tout à fait l'élément collectif. Cette objection n'est pas justifiée. Nous avons déjà dit que l'individu doit s'approprier une certaine quantité minimum de traits caractéristiques communs à tous. Quand ce minimum de penchants est une fois assimilé par l'individu, il n'appartient plus à la communauté, mais à l'individu lui-même, il est donc aussi quelque chose de personnel; et il ne remplit pas toute la vie. C'est seulement au-dessus de ce minimum que s'élève le domaine de la vie productive, créatrice, purement personnelle, le domaine basé sur l'utilisation des créations d'autrui et sur la production par soi-même des œuvres personnelles.

L'État doit intervenir pour opérer cette transformation sociale. Le gouvernement n'est, on ne saurait le trop répéter, qu'un exécuteur de la volonté de la majorité des citoyens. Il n'y a pas moyen de prouver que cette volonté doit se restreindre seulement aux affaires politiques. La volonté de la société doit poursuivre un but beaucoup plus vaste : son but extrême est de transformer chaque homme en individualité consciente et civilisée et de créer des conditions d'existence pour une telle individualité. L'activité sociale de l'État doit s'orienter dans cette direction. A l'époque du solidarisme elle s'exprimera dans des réformes solidaristes, auxquelles nous joignions les banques pour les petits producteurs autonomes agricoles et industriels. A l'aube de l'époque de l'individualisme absolu l'action de l'État aura un but beaucoup plus vaste dont on ne peut qu'esquisser les grandes lignes. Une de ses premières tâches sera alors sans doute de nationaliser les chutes d'eau, les usines qui produisent la force et de les distribuer de façon que chacun puisse profiter de leur force et l'installer chez soi au moyen de l'abonnement. Le moteur doit être un esclave de l'homme, il doit être accessible à tous ceux qui peuvent en avoir besoin pour n'importe quel usage. Nous avons vu déjà que le petit producteur autonome, aidé par la force d'un moteur disponible, n'a pas besoin de salariés, et aussi qu'il pourra soutenir la concurrence du grand capitaliste. L'intervention de l'État doit agir aussi de façon que l'achat des usines productrices de force soit interdit aux particuliers. Alors le capitaliste assailli : 1° par l'impôt progressif; 2° par le coût montant du salaire; 3° par la concurrence du petit producteur autonome qui disposera d'une force commune et d'un crédit de l'État, refusé au capitaliste — alors, dis-je, le capitaliste se trouvera dans des conditions telles que le capital perdra toute valeur. Le processus de l'abaissement du prix de l'argent et de la hausse des salaires a déjà commencé. L'intervention de l'État qui dispose de capitaux plus considérables que les capitalistes et et d'une force motrice plus conforme aux besoins du travail humain — cette intervention provoquera l'abolition du capitalisme, en abolissant en même temps ce qui est aussi néfaste que le capitalisme, à savoir le salariat et le machinisme tout-puissant.

Sans doute le fait que la production d'une force motrice accessible à chacun aura une importance particulière pour la société, ce fait élèvera au premier plan les ingénieurs. Nous avons déjà parlé de l'intimité de la science maîtresse et de l'individualisme absolu. Le professeur qui découvrira dans l'enfant des capacités pour une vocation et qui d'après cela dirigera son éducation; le médecin, hygiéniste qui mesurera les cubes d'air dans une chambre habitée et les grammes de substances nutritives dans les aliments, qui en interdira les abus, le moraliste, le sociologue et l'artiste qui montreront à l'homme le but élevé de sa vie; enfin, l'ingénieur, qui facilitera le travail, voilà sans doute, l'élite de l'avenir; mais le pouvoir de cette élite sera non pas une usurpation, mais le reflet des désirs de chaque individu, composant cette société.

Dans ce nouveau régime — le rôle de producteur appartiendra au petit producteur autonome, travaillant sur son métier ou sur son morceau de terre, ou aussi sur l'un et l'autre; le rôle du capital industriel passera à l'État, à la province et à la commune, qui fourniront la force; le rôle du capital commercial passera d'une part aux sociétés de petits producteurs autonomes pour la vente de leurs produits et d'autre part aux sociétés de consommateurs pour l'achat de tous les produits dont on a besoin.

Naturellement ce régime n'est pas fatalement le régime de l'avenir, mais il est le plus probable et en même temps il répond le mieux aux besoins les plus essentiels de l'être humain

---

Paris. — Typ. Philippe Renouard, 19, rue des Saints-Pères. — 518

www.ingramcontent.com/pod-product-compliance
Ingram Content Group UK Ltd.
Pitfield, Milton Keynes, MK11 3LW, UK
UKHW020257220726
13923UKWH00002B/958